DIE FORM GESCHICHTE VON MCLAREN
im Rhythmus von schnelle Runde

Charles Sanz

EINFÜHRUNG

Als Bruce McLaren sein eigenes Team gründete, um in der Formel 1 anzutreten, wusste er wahrscheinlich nicht, dass er damit eines der legendärsten Teams im größten Motorsportwettbewerb der Welt schaffen würde.

Im Jahr 1966 gab das Bruce McLaren Motor Racing Team sein Renndebüt und errang zwei Jahre später seinen ersten Sieg. Doch 1970 nahm uns ein Unfall den großartigen Bruce, und sein Team stand vor einer ungewissen Zukunft.

Statt nach dem Verlust seines Gründers in der Versenkung zu verschwinden, setzte das McLaren-Team den Wettbewerb fort und errang dank des Talents des Brasilianers Emerson Fittipaldi seinen ersten großen Triumph.

In einem McLaren erlebte James Hunt eine der spektakulärsten Saisons der Formel 1, als er 1976 gegen den Ferrari von Niki Lauda antrat.

Aber es waren Alain Prost und Ayrton Senna, Teamkollegen und ewige Rivalen auf der Rennstrecke, die McLaren zum stärksten Team der Formel 1 machten und dem Team die glorreichsten Jahre in seiner Geschichte bescherten. McLaren war nicht mehr in der Lage, so zu dominieren wie zwischen 1988 und 1991, aber sein Ziel war es immer, an der Spitze des Wettbewerbs zu stehen, und Fahrer wie Mika Häkkinen und Lewis Hamilton bewiesen, dass ein McLaren auf der Rennstrecke immer zu fürchten war.

Auch wenn die jüngste Vergangenheit etwas düster ist, hat die Geschichte dieses großartigen Teams gezeigt, dass McLaren immer einen Platz unter den besten Teams der Formel 1 haben wird.

Ich hoffe, dass Sie auf diesen Seiten auf einfache und unterhaltsame Weise seine legendäre Geschichte kennenlernen werden.

Bruce McLaren, der Ursprung eines legendären Teams

Bruce Leslie McLaren wurde im Spätsommer 1937 in Auckland, Neuseeland, geboren. Im Alter von neun Jahren wurde bei ihm der Morbus Perthes diagnostiziert, ein Hüftleiden, bei dem sein rechtes Bein länger ist als das linke. Angesichts dieses Handicaps hätte niemand gedacht, dass er zu einer der Legenden der Formel 1 werden würde.

Seine Eltern besaßen eine Tankstelle und eine Autowerkstatt, so dass die Liebe zu Autos schon früh in der Familie lag. Sein Vater, Les McLaren, war ein begeisterter Motorradrennfahrer, gab diesen Sport jedoch vor der Geburt seines Sohnes aufgrund einer Verletzung auf. Danach beschloss er, Autorennen zu fahren.

Bruce McLaren teilte die Leidenschaft seines Vaters und debütierte 1952 im Alter von 14 Jahren bei einem Bergrennen in einem von seinem Vater vorbereiteten Austin 7 Ulster.

Zwei Jahre später begann er, mit einem Ford 10 und einem Austin-Healey an offiziellen Rennen teilzunehmen, was dazu führte, dass er in der F2 mit einem Cooper-Climax antrat. Er zeichnete sich durch seine Fähigkeit aus, das Auto zu analysieren, und dank seiner Kenntnisse, die er nach so vielen Jahren in der Werkstatt seines Vaters erworben hatte, konnte er es selbst modifizieren und verbessern, so dass er 1958 in der neuseeländischen F2-Serie den zweiten Platz belegte.

McLaren wurde für die Teilnahme am "Driver to Europe"-Programm ausgewählt, das vom Grand Prix von Neuseeland organisiert wurde und dessen Ziel es war, einheimische Fahrer zum wichtigsten Motorsportereignis der Welt zu exportieren, und überraschte mit seiner Leistung.

Beim Großen Preis von Nürburgring 1958 konnte er sich mit den besten Fahrern der Welt messen, da es sich um ein Rennen handelte, bei dem F1- und F2-Fahrzeuge kombiniert wurden. Er erreichte einen spektakulären fünften Platz (hinter Tony Brooks, Roy Salvadori, Maurice Trintignant und Wolfgang von Trips) und war damit der beste F2-Fahrer, der das Rennen beendete.

Diese Talentprobe führte dazu, dass ihn das Team der Cooper Car Company für die Formel-1-Saison 1959 unter Vertrag nahm, an der Seite von Jack Brabham (der Bruce' Fähigkeiten bemerkt hatte) und Masten Gregroy.

[1]

[1] Pinterest.cl

Bruce begann mit einem fünften Platz in Monaco, eine Position, die er in Frankreich wiederholte, und in seinem dritten Rennen in Großbritannien erreichte er mit dem dritten Platz seinen ersten Podiumsplatz. In Deutschland, Portugal und Italien musste er aufgeben und erlebte eine schreckliche zweite Hälfte seiner ersten F1-Saison, doch im letzten Rennen in Sebring gelang ihm die Wiedergutmachung, indem er das Rennen gewann und seinen ersten Sieg in der Königsklasse des Motorsports errang. In diesem Jahr wurde er Sechster in der Gesamtwertung.

2

Der Sieg in den Vereinigten Staaten machte ihn mit 22 Jahren und 104 Tagen zum jüngsten Fahrer, der jemals ein Rennen gewann.

1960 gelang ihm mit dem Sieg in Argentinien ein optimaler Start, und in 5 der verbleibenden 7 Rennen stand er auf dem Podium, so dass

---

[2] Motorsportmagazine.de

er nur hinter seinem Teamkollegen Jack Brabham den zweiten Platz belegte.

1961 war kein so erfolgreiches Jahr für Bruce, der nur in Italien auf das Podium fahren konnte, und obwohl er in fünf der acht Rennen unter die ersten sechs kam, wurde er insgesamt Achter. 1962 siegte er erneut in Monaco und stand vier weitere Male auf dem Siegerpodest. Damit gehörte er zu den besten Fahrern der Formel 1 und belegte in der Gesamtwertung den dritten Platz hinter dem außergewöhnlichen Graham Hill in seinem BRM und Jim Clark im Lotus.

Im Jahr 1963, als er noch mit Cooper Rennen fuhr, gründete er sein eigenes Team, Bruce McLaren Motor Racing Ltd. Was seine persönliche Leistung betrifft, so hatte er erneut eine gute Saison mit vier Podiumsplätzen, aber keinen Siegen, was ihn auf den sechsten Platz in der Gesamtwertung zurückwarf. Diese Dynamik wiederholte sich in den nächsten zwei Jahren bei Cooper, wenn auch mit leicht rückläufiger Tendenz. In den Jahren 1964 und 1965 konnte er keinen weiteren Sieg erringen, obwohl er dreimal auf dem Podium stand und wiederholt auf den vorderen Plätzen landete. Dies führte zu Platz 7 im Jahr 1964 und Platz 9 im Jahr 1965.

Da dieser Trend scheinbar ungebrochen anhielt, beschloss Bruce McLaren 1966, sein eigenes Team in der Formel 1 einzusetzen. Damit debütierte das Bruce McLaren Motor Racing Team, das später unter dem Namen McLaren bekannt wurde, zum ersten Mal in seiner Geschichte in der wichtigsten Rennserie der Welt.

[3]

---

[3] Diariomotor.de

Bruce McLaren und seine Karriere in seinem eigenen Team

Das Auto, mit dem Bruce McLaren sein Debüt mit seinem eigenen Team gab und damit die McLaren-Legende begründete, war der McLaren M2B, ein weißes Auto mit einem grünen Streifen zu Ehren des John Frankenheimer-Films Grand Prix (Bruce entschied sich, nicht das grüne Farbmuster der britischen Teams zu verwenden, obwohl er eine britische Lizenz zur Teilnahme nutzte). Er wurde von Robin Herd entworfen und verwendete neben Aluminium für das Monocoque auch Mallite (ein Material für die Luftfahrt) für das Fahrgestell.

In seiner ersten Saison setzte er die Motoren Ford 406 3.0 V8 und Serenissima M166 3.0 V8 ein, ohne jedoch die nötige Leistung für ein Siegerauto zu finden.

Bei seinem Debüt in Monaco musste Bruce an neunter Stelle liegend wegen eines Öllecks aufgeben. Für die zweite Veranstaltung in Belgien entschied sich Bruce daher, den Ford-Motor gegen den Serenissima zu tauschen. Der Motor hatte im Training mechanische Probleme, und Bruce konnte am Sonntag nicht einmal am Rennen teilnehmen.

Technische Probleme verhinderten, dass McLaren in Frankreich an den Start ging, doch in Großbritannien kam er wieder zurück und wurde Sechster. McLaren hat in seiner ersten Saison als Team die ersten Punkte in diesem Wettbewerb geholt.

[4] Pinterest.co.uk

Dieser sechste Platz war jedoch nur ein kleiner, flüchtiger Triumph, denn in den Niederlanden ging im Training erneut der Motor kaputt, so dass das Auto für dieses Rennen sowie für die folgenden Rennen in Deutschland und Italien nicht einsatzbereit war.

Bruce McLaren kehrte mit seinem eigenen Auto in die Vereinigten Staaten zurück, wo er mit einem fünften Platz sein bestes Ergebnis verbesserte und zwei weitere Punkte holte. Für den letzten Test in Mexiko wurde versucht, das Heck zu kürzen, um eine Überhitzung zu vermeiden, was jedoch nicht verhinderte, dass der Motor während des Rennens ausfiel.

McLaren beendete sein erstes Jahr aufgrund von Zuverlässigkeitsproblemen mit Zweifeln, aber zumindest in den Rennen, in denen es keine technischen Probleme gab, konnte es in die Punkteränge fahren, was Hoffnung für die Zukunft machte.

Für die Saison 1967 beschloss Bruce McLaren, einen neuen Einsitzer, den M4B, einzusetzen, in der Hoffnung, dass er zuverlässiger und leistungsfähiger sein würde. Diesmal wurde er von dem 280 PS starken BRM P111 2.1 V8-Motor angetrieben (eine aktualisierte Version des Motors, mit dem Graham Hill 1962 die Weltmeisterschaft gewonnen hatte).

Dieser Wagen, der ebenfalls von Robin Herd entworfen wurde, war eine verbesserte Interimsversion des Vorjahreswagens, bis der endgültige M5A fertiggestellt war. Das Heck war kürzer als das seines Vorgängers und verfügte über zwei seitliche Kraftstofftanks, die es ihm ermöglichten, ein Rennen ohne Nachtanken zu absolvieren.

Der McLaren gab ein zufriedenstellendes Debüt in Monaco, wo sein kurzer Radstand ihm einen gewissen Vorteil verschaffte und er sich als konkurrenzfähig erwies. Er hätte auf dem Podium landen können, wenn nicht ein Boxenstopp zum Austausch einer Batterie ihn auf den vierten Platz zurückgeworfen hätte. Immerhin konnte er zu Beginn der Saison Punkte sammeln.

Im zweiten Rennen in Holland hatte McLaren einen Unfall, der ihn daran hinderte, das Rennen zu beenden. Obwohl die M4B repariert wurde, fing sie während der Tests Feuer und wurde schließlich ausgemustert.

Der M4B wurde durch den M5A ersetzt, der vom BRM P142 3.0 Motor angetrieben wurde, diesmal ein V12-Motor, der 365 PS leistete. Es war das erste Auto, das diesen Motortyp verwendete.

Der neue Wagen feierte sein Debüt in Kanada, wo McLaren trotz des Regens den vierten Platz erreichte. Allerdings musste er erneut wegen eines Batterieschadens einen Boxenstopp einlegen, der ihn auf den siebten Platz zurückwarf.

In Italien kämpfte Bruce um den vierten Platz, als eine gebrochene Pleuelstange ihn daran hinderte, das Rennen zu beenden. Bei den letzten beiden Veranstaltungen schied er ebenfalls wegen mechanischer Probleme aus. Damit endete eine ähnliche Saison wie die vorangegangene, in der sich das Auto als konkurrenzfähig erwies,

---

5 Pinterest.de

zwar nicht um Rennen zu gewinnen, aber um in der Nähe der Spitze zu landen, zumindest wenn es keine Pannen gab, die häufiger auftraten als erwünscht.

Für die Saison 1968 nahm Robin Herd die Hilfe von Gordon Copuck in Anspruch, um den McLaren M7A zu entwerfen. Der M7A war mit den in der Formel 1 eingeführten Flügeln ausgestattet, die den Wind nutzen sollten, um das Auto am Boden zu halten (ähnlich wie Flugzeuge beim Start), um so mehr Grip und Geschwindigkeit in den Kurven zu erreichen.

Als Motor kam der Ford Cosworth DFV 3.0 V8 mit 2933 cm³ zum Einsatz, der in der M7C-Version schließlich durch einen Alfa Romeo-Motor ersetzt wurde.

Bei der Version M7B wurde die zentrale Anordnung der Kraftstofftanks an die Seite verlegt, um die Fahrzeugkontrolle zu verbessern, beim M7C wurde das Cockpit-Monocoque durch ein geschlossenes Modell ersetzt und der M7D erhielt den 430 PS starken T33 3.0 V8-Motor von Alfa Romeo, was eine Verlängerung des Radstands auf 2400 mm erforderte.

[6] Ultimatecarpage.com

Für den M7 beschloss McLaren, dem Team ein zweites Auto hinzuzufügen, das von seinem neuseeländischen Landsmann Denny Hulme gefahren wurde. Hulme hatte sein Formel-1-Debüt im Team von Jack Brabham gegeben, mit dem er drei Jahre lang zusammenarbeitete und 1967 die Weltmeisterschaft gewann. Bruce hatte also einen guten Mannschaftskameraden, mit dem er sich auf eine erfolgreiche neue Ära für sein Team freute.

Beim ersten Rennen der Saison in Südafrika war der M7A noch nicht einsatzbereit, so dass Hulme nur mit dem M5A aus der vorherigen Saison antrat und den fünften Platz belegte.

In der Zwischenzeit konnte der M7A mehrere Siege außerhalb der Weltmeisterschaft erringen: Bruce gewann das Race of Champions und Hulme die BRDC International Trophy.

Zurück in der Formel-1-Weltmeisterschaft gab der M7A sein Debüt in Spanien, wo McLaren aufgeben musste, aber Hulme gelang ein fantastischer zweiter Platz, der dem McLaren-Team den ersten Podiumsplatz bescherte.

[7] Pinterest.fr

In Monaco stürzte McLaren ab, aber Hulme schaffte es, Fünfter zu werden. In Belgien konnte Hulme das Rennen anführen, musste aber wegen eines Achsbruchs aufgeben. Bruce blieb also auf der Strecke, an zweiter Stelle hinter dem legendären Jackie Stewart. Der Brite musste in der letzten Runde einen Tankstopp einlegen, wodurch Bruce seinen ersten Sieg mit seinem eigenen Team erringen konnte, obwohl er dachte, er sei als Zweiter über die Ziellinie gefahren, da er nicht damit gerechnet hatte, dass Stewart eine Runde vor Schluss einen Tankstopp einlegen würde.

[8] Pinterest.co.uk

Bruce McLaren war nach Jack Brabham erst der zweite Fahrer, der ein Formel-1-Rennen mit seinem eigenen Team gewann.

Nach dem ersten Sieg des Teams begann jedoch ein Leistungsabfall, der vor allem auf den Abbau der Goodyear-Reifen zurückzuführen war, und Hulme kämpfte um Punkte, während Bruce aus den Punkterängen fiel.

Erst fünf Rennen später, in Italien, nach dem Ausbau der Flügel und der Einführung neuer Goodyear-Reifen, begann sich das McLaren-Team wieder zu verbessern.

In Italien war der Anstieg der Leistung spektakulär. Obwohl Bruce wegen eines Öllecks aufgeben musste, gelang es Hulme, das Rennen zu gewinnen und dem Team den zweiten Sieg in der Geschichte zu bescheren.

Das bedeutete, dass McLaren für die letzten drei Rennen der Saison ein drittes Auto in das Team aufnahm, das von Dan Gurney gefahren wurde. Der Amerikaner hatte sein Formel-1-Debüt bei Ferrari gegeben und in den vier Rennen, die er 1959 für das italienische Team fuhr, zwei Podiumsplätze und einen vierten Platz erzielt.

Danach erlebte er eine verhängnisvolle Saison mit der Owen Racing Organisation, in der er nur eines der sieben Rennen, an denen er teilnahm, beenden konnte und den zehnten Platz belegte. Danach fuhr er zwei Jahre lang für Porsche und erzielte mit einem Sieg und vier Podiumsplätzen bessere Ergebnisse. Drei Jahre lang setzte er seine Erfolge mit dem Brabham-Team fort, mit zwei weiteren Siegen und acht Podiumsplatzierungen. Danach wechselte er zum Anglo American Racers-Team.

Da Anglo keine Mittel mehr hatte, um sein Formel-1-Programm fortzusetzen, wurde Gurney schließlich McLaren-Fahrer.

Gurney hatte kein gutes Debüt, da er in Kanada wegen Überhitzung aufgeben musste, aber Hulme und Bruce setzten die gute Serie des Teams fort und erzielten einen unglaublichen Doppelsieg, wobei Denny den Sieg errang.

In den Vereinigten Staaten hatte Denny Hulme eine rechnerische Chance, Weltmeister zu werden, aber ein Dreher, der das Auto beschädigte und zu einem Getriebeschaden führte, der schließlich in einen Unfall mündete, beendete seine Chance auf den Titel, während Gurney Vierter und Bruce Sechster wurde.

Im letzten Rennen in Mexiko hatte Hulme noch Chancen auf den Titel, doch ein gebrochener Stoßdämpfer ließ ihn erneut stürzen und beendete seine Chancen auf den Titelgewinn, der an Graham Hill ging. Bruce wurde in Mexiko Zweiter und beendete damit ein sehr zufriedenstellendes Jahr, in dem Hulme zwar Meister hätte werden können, aber zumindest der erste Sieg in der Geschichte des Teams in einem Auto errungen wurde, das um Siege kämpfen konnte.

McLaren belegte einen bemerkenswerten zweiten Platz in der Konstrukteurswertung, 13 Punkte hinter den Lotus, die von Legenden wie Graham Hill und Jim Clark gefahren wurden.

In der Saison 1969 behielt Bruce McLaren Denny Hulme als Teamkollegen, während Gurney in diesem Jahr nicht mehr antrat.

---

[9] de.wikipedia.org

Der M7 wurde bis zur Entwicklung des M9A, der neuen Version mit Allradantrieb, weiterverwendet. Dieser Wagen war nicht erfolgreich und wurde in Großbritannien nur von dem britischen Fahrer Derek Bell gefahren, mit dem er schließlich ausgemustert wurde. Daher war der M7 auch in dieser Saison das offizielle Auto des Teams.

Die Flügel standen auch in dieser Saison wieder im Mittelpunkt des Interesses, wobei nicht klar war, wie sie am besten eingesetzt werden sollten. Versionen mit an der Aufhängung montierten Heckflügeln und Frontflügeln wurden bei einigen Übungsfahrten getestet, ohne dass eine überzeugende Konfiguration gefunden wurde. Überhängende Flügel wurden zunächst verboten, um später wieder erlaubt zu werden. Schließlich entschied sich McLaren für einen Heckflügel in Form eines Tabletts.

Der M7 hatte einen optimistischen Start mit einem Podiumsplatz für Hulme und einem fünften Platz für Bruce in Südafrika. In der zweiten Runde in Spanien belegte Bruce den zweiten und Hulme den vierten Platz. Doch trotz der wiederholten Podiumsplätze (Bruce hatte in der gesamten Saison drei und Denny einen) war klar, dass man nicht so um Siege kämpfen konnte wie im Jahr zuvor.

Tatsächlich gelang dem Team 1969 nur ein einziger Sieg, und der musste bis zum letzten Rennen des Jahres warten, als Hulme das Rennen in Mexiko gewinnen konnte.

10

---

[10] Deviantart.com

Bruce, der in der vorangegangenen Saison Fünfter gewesen war, verbesserte sich in der Endabrechnung auf den dritten Platz. Auf der anderen Seite fiel Hulme, der auf Platz 3 lag und sogar mehrere Chancen hatte, Weltmeister zu werden, auf Platz 6 zurück.

Als Team fiel McLaren auf den vierten Platz hinter Matra, Brabham und Lotus zurück, so dass der Traum vom Konstrukteurstitel nach dem Vizetitel 1968 zu platzen schien.

1970 waren Bruce McLaren und Denny Hulme wieder die Fahrer des Teams, in einer Besetzung, die sich im Laufe des Jahres ändern sollte.

Der in dieser Saison eingesetzte Einsitzer war der M14A, der eigentlich eine leichte Weiterentwicklung des M7 war, wobei die wichtigste Änderung in der Verwendung interner statt externer Bremsen an der Hinterachse bestand. Als Motor diente weiterhin der Ford Cosworth DFV V8, obwohl eine Version namens M14D später den Alfa Romeo T33 verwenden sollte.

11

[11] Karpixel.net

Die Saison 1970 begann mit Höhen und Tiefen: Denny Hulme stand im ersten Rennen auf dem Podium, Bruce im zweiten, doch häufige mechanische Probleme führten dazu, dass beide in den ersten drei Rennen abwechselnd ausschieden.

Nach diesen ersten drei Rennen sollte das Unglück die Zukunft des McLaren-Teams für immer prägen.

Am 2. Juni 1970 verunglückte Bruce McLaren bei einer Can-Am-Veranstaltung in Goodwood beim Testen des McLaren M8D tödlich und verlor damit einen der größten Fahrer der Geschichte.

Neben seiner Formel-1-Karriere hatte McLaren 1967, 1968 und 1969 die Can-Am-Serie dominiert (im letzten Jahr gewann er alle Rennen), und 1966 gewann er die 24 Stunden von Le Mans in einem Ford GT40 an der Seite von Chris Amon.

Der Tod von Bruce McLaren, dem Gründer des McLaren-Teams, brachte das Team in eine komplizierte Situation mit ungewisser Zukunft.

[12]

---

[12] News.cars.com

Das McLaren-Team nach dem Tod von Gründer Bruce McLaren

Neben dem Tod von Bruce McLaren nach dem Großen Preis von Monaco konnte auch Denny Hulme nach einem Unfall im Training für die 500 Meilen von Indianapolis nicht mehr an der Meisterschaft teilnehmen.

Damit fehlten dem Team der Gründer und zwei Fahrer, was eine Teilnahme von McLaren am belgischen Rennen unmöglich machte.

Angesichts dieser Ungewissheit übernahm Teddy Mayer, der seit 1962 mit Bruce bei der Gründung des Teams zusammengearbeitet hatte und auch Mehrheitsaktionär war, die Kontrolle über McLaren.

Für den fünften Lauf in den Niederlanden gelang es ihm, drei Fahrer zusammenzubringen, so dass drei McLaren-Autos ihre Geschichte über ihren Gründer hinaus fortsetzen konnten.

13

Einer dieser drei Fahrer war dem Team bereits bekannt, der Amerikaner Dan Gurney, der den M14A bei den nächsten drei Rennen fuhr.

Der zweite von ihnen war Peter Gethin. Der Brite hatte 1969 die Formel-5000-Europameisterschaft gewonnen (er sollte sie auch 1970 gewinnen), und mit dieser McLaren-Gelegenheit gab er sein Formel-1-Debüt.

---

[13] Pinterest.nz

Der dritte Wagen wurde von Andrea de Adamich gefahren, der eine von Alfa Romeo angetriebene Version des alten M7 verwendete. Der Italiener hatte sein Formel-1-Debüt 1968 in Südafrika, der ersten Runde der Meisterschaft, mit Ferrari gegeben und seine Teamkollegen Chris Amon und Jacky Ickx im Qualifying geschlagen.

Allerdings musste er das Rennen aufgeben, und ein anschließender Unfall beim Race of Champions machte ihn für den Rest der Saison handlungsunfähig.

1969 entschied sich Adamich aufgrund der Ferrari-Krise für den Langstreckenrennsport, doch 1970 hatte er mit McLaren erneut die Möglichkeit, in der Formel 1 anzutreten.

---

[14] de.wikipedia.org

McLaren hatte also einen alten Bekannten und zwei unerfahrene Fahrer, um seine Formel-1-Geschichte fortzusetzen. Sowohl Gurney als auch Gethin mussten während des Rennens aufgeben, während Andrea de Adamich sich nicht einmal für das Rennen qualifizierte.

Für das nächste Rennen in Frankreich kehrte Denny Hulme zurück, um dem Team etwas Erfahrung und Hoffnung zu bringen, und erreichte einen beachtlichen vierten Platz, und auch Gurney erreichte einen guten sechsten Platz, während Andrea sich erneut nicht qualifizieren konnte.

Im siebten Rennen in Großbritannien vertraten Hulme, Gurney und Adamich McLaren, und während Gurney erneut ausschied und Adamich sich immer noch nicht qualifizieren konnte, gelang Denny Hulme zumindest ein Podiumsplatz, der es dem Team ermöglichte, sich über Wasser zu halten und nicht in einen unumkehrbaren Trend zu geraten.

16

Für das achte Rennen ersetzte Gethin Gurney, aber sein Schicksal war das gleiche, ein weiterer Ausfall, während Hulme das Team mit einem weiteren Podiumsplatz rettete.

Die gleiche Besetzung wurde in Österreich wiederholt, wobei Hulme diesmal ausfiel. Gurney konnte immerhin als Zehnter ins Ziel kommen, und Andrea schaffte es schließlich, sich für ein Rennen zu qualifizieren und dieses zu beenden, und zwar als Zwölfter.

Beim zehnten Rennen in Italien waren vier Mitglieder des Bruce McLaren Motor Racing Teams auf der Strecke, darunter der M14D (jetzt mit Alfa Romeo-Antrieb) des Italieners Nanni Galli, der seinen einzigen Auftritt für das Team hatte, nachdem er sich nicht qualifiziert hatte.

Hulme wurde in Monza Vierter, Andrea de Adamich verbesserte sich auf den achten Platz, während Gethin sich diesmal nicht für das Rennen qualifizieren konnte.

---

[16] Motorsportimages.com

In den letzten drei Rennen der Saison waren Hulme, Gethin und Andrea de Adamich weiterhin die Stammfahrer in einer Besetzung, die im Laufe der Saison stark variiert hatte, wobei Hulme in Mexiko einen weiteren Podiumsplatz als bestes Ergebnis einfuhr und Gethin in Kanada in die Punkte fuhr.

Es war das Ende eines turbulenten Jahres, in dem das Team den Verlust seines Gründers verkraften musste. Denny Hulmes vier Podiumsplätze ermöglichten dem Neuseeländer den vierten Platz in der Endwertung und McLaren den fünften Platz in der Konstrukteurswertung, punktgleich mit Brabham, hinter Lotus, Ferrari und March.

Im Jahr 1971 ging es darum, wieder Stabilität zu erlangen, damit das Team wieder Rennen gewinnen konnte. Das Team entschied sich, nur zwei Fahrer zu behalten: Denny Hulme und Peter Gethin.

Die Entwicklung des neuen M19A lag in den Händen von Ralph Bellamy, da Gordon Copuck damit beschäftigt war, den Wagen für die Indianapolis 500 zu entwerfen.

Der M19A erhielt aufgrund seines Aussehens den Spitznamen "Krokodilwagen", da zwei der drei Kraftstofftanks in die Seitenwände eingelassen waren, was ihm das Aussehen dieses Tieres verlieh.

Um die Stabilität des Fahrzeugs zu verbessern, wurden innovative, interne Gewinde-Stoßdämpfer eingebaut, die aber schließlich durch herkömmliche Systeme ersetzt wurden, als sie nicht die gewünschten Ergebnisse lieferten.

Während der gesamten Saison wurde der Ford Cosworth DFV-Motor verwendet und der Alfa Romeo-Motor aufgegeben.

17

Die Saison begann ermutigend, zumindest für Denny Hulme, der in den ersten drei Rennen Sechster, Fünfter und Vierter wurde, während Gethin zwei Ausfälle zu beklagen hatte.

Doch im Laufe der Saison häuften sich die Zuverlässigkeitsprobleme und die Ausfälle wurden immer häufiger.

Nach dem siebten Rennen verließ Gethin das Team, um zum Yardley Team BRM zu wechseln, und wurde durch Jackie Oliver ersetzt. Der Brite fuhr 1967 in einem Formel-2-Auto in Deutschland und wurde Fünfter, was das Team Lotus dazu veranlasste, ihn für die Saison 1968 unter Vertrag zu nehmen, wo er in Mexiko auf dem Podium landete.

1969 fuhr er für die Owen Rasing Organisation und schied in acht der zehn Rennen aus. 1970 fuhr er für das Yardley Team BRM und schied in neun der zwölf Rennen der Saison aus, wobei er sich in einem Rennen nicht qualifizieren konnte.

[17] Pinterest.com

Oliver belegte in Österreich den neunten und in Italien den siebten Platz, während Hulme weiterhin einen Ausfall nach dem anderen hinnehmen musste und als bemerkenswertestes Ergebnis nur einen vierten Platz in Kanada erreichte, womit er auf Platz 13 der Fahrerwertung landete.

Diese unzuverlässige Saison führte dazu, dass das McLaren-Team mit nur 10 Punkten auf den sechsten Platz zurückfiel, und es begann, sich vom Erfolg zu entfernen.

---

[18] F1forgottendrivers.com

Yardley Team McLaren, zwischen Scheitern und Wiederaufstieg

1972 wurde das Team in Yardley Team McLaren umbenannt... und das war wirklich die wichtigste Änderung, denn das Auto, das weiterhin eingesetzt wurde, war der M19, mit einigen Änderungen, um seine Zuverlässigkeit und Leistung zu verbessern, indem die M19C-Version geschaffen wurde.

Denny Hulme war weiterhin der Hauptfahrer und die Hoffnung des britischen Teams, während sein wichtigster Teamkollege in dieser Saison Peter Revson war. Der Amerikaner war 1964 in der Formel 1 gefahren, aufgeteilt zwischen seinem eigenen Team und Reg Parnell Racing, ohne Punkte zu holen. Im Jahr 1971 hatte er mit dem Elf Team Tyrrell nur an der nordamerikanischen Veranstaltung teilgenommen und sich dann zurückgezogen.

Allerdings hatte er 1971 die Can-Am-Meisterschaft vor Denny Hulme gewonnen, so dass McLaren einen Fahrer mit wenig Formel-1-Erfahrung, aber Erfolgen in anderen Rennsportarten zurückholte.

Der Beginn der Kampagne war wesentlich optimistischer als die vorangegangene. Für Denny Hulme haben sich die Änderungen in der M19 ausgezahlt. Nachdem er in Argentinien Zweiter geworden war, konnte er in der zweiten Runde in Südafrika endlich einen großen Sieg für das Team einfahren. In der Zwischenzeit lief es für Revson ebenfalls sehr gut, der seinen Podiumsplatz in Südafrika noch ausbauen konnte.

Dieser vielversprechende Start führte dazu, dass für das vierte Rennen ein dritter McLaren eingesetzt wurde, der von Brian Redman gefahren wurde, der in der Formel 1 für Lola Cars, Cooper Car Company, Frank Williams Racing Car und das Team Surtees gefahren war und 1968 in Spanien einen Podiumsplatz erreicht hatte.

Der mittlere Teil der Meisterschaft verlief nicht mehr so erfolgreich wie zu Beginn und dämpfte die Euphorie ein wenig, aber McLaren konnte sich im letzten Drittel der Meisterschaft wieder an die Spitze heranarbeiten.

---

[19] Hemmings.com

Obwohl ein weiterer Sieg ausblieb, schaffte es Hulme fünf weitere Male auf das Podium, und auch Revson landete viermal unter den ersten drei. In der Zwischenzeit schaffte es Brian Redman in allen drei Rennen, die er für McLaren bestritt, in die Top Ten zu fahren.

Mit diesen guten Ergebnissen erreichte Denny Hulme den dritten Platz in der Meisterschaft und kehrte in die obere Tabellenhälfte zurück, nur hinter Champion Emerson Fittipaldi und Jackie Stewart. Peter Revson wurde Fünfter, was McLaren wieder auf den dritten Platz in der Konstrukteurswertung brachte, nur hinter Lotus und nur vier Punkte hinter Tyrrell.

McLaren gehörte wieder zu den großen Jungs, noch immer kein klarer Titelanwärter, aber voller Vorfreude auf die Zukunft.

Beim letzten Rennen des Jahres in den Vereinigten Staaten gehörte der Südafrikaner Jody Scheckter, der nach seinem Erfolg in der Formel 3 sein Renndebüt gab, zum McLaren-Aufgebot.

1973 kehrte Gordon Coppuck, unterstützt von John Barnard, zurück, um an der Entwicklung des neuen M23 mitzuwirken, was die Begeisterung über die jüngsten Ergebnisse noch steigerte. Der M19 enthielt Verbesserungen, die am McLaren M16 in Indianapolis entwickelt worden waren, und verwendete weiterhin den Ford Cosworth-Motor.

20

---

20 de.m.wikipedia.org

Denny Hulme war erneut der wichtigste McLaren-Pilot. Er wurde weiterhin von Peter Revson begleitet, der zusammen mit Jody Scheckter ein erweitertes Programm absolvierte, nachdem er im letzten Rennen der vergangenen Saison sein Debüt gegeben hatte.

Da der M23 nicht rechtzeitig zum Saisonstart eintraf, wurden die ersten beiden Rennen mit dem M19 aus dem Vorjahr bestritten, wobei Denny Hulme in Brasilien auf dem Podium stand.

Beim Debüt des M23 in Südafrika schaffte Denny Hulme die Pole-Position, obwohl er das Rennen als Fünfter beendete.

Gute Ergebnisse ließen auf sich warten: Hulme und Revson landeten unter den ersten zehn, konnten aber im ersten Drittel der Meisterschaft keinen Podiumsplatz erreichen. Das änderte sich jedoch in Schweden, wo Denny Hulme einen weiteren Sieg für McLaren einfuhr.

21

21 Src.co.uk

Die Frage war also, ob der M23 ein Auto ist, das konstant um Siege kämpfen kann, oder ob er nur das Potenzial für einen einmaligen Sieg hat. Die Antwort kam zwei Rennen später mit dem Sieg von Peter Revson in Großbritannien. Es folgte der Sieg der Amerikaner in Kanada.

Zusätzlich zu den Siegen schaffte es Revson, in fünf der letzten sieben Rennen unter die ersten fünf zu kommen, während Hulme ein ungewisses Saisonende erlebte und mehrmals unter dem zehnten Platz landete. Beide Fahrer belegten in der Meisterschaft die Plätze fünf und sechs. Scheckter schied viermal aus und wurde im einzigen Rennen, das er nicht beendete, Neunter.

Diese Ergebnisse ermöglichten McLaren den dritten Platz in der Konstrukteursmeisterschaft, wenn auch mit großem Abstand zu Lotus und Tyrrell in den Punkten. Dies entsprach der allgemeinen Meinung: Man hatte ein Auto entwickelt, mit dem man Rennen gewinnen konnte, aber man brauchte mehr Beständigkeit und Autorität, um die Rennen häufiger zu gewinnen und endlich um die Weltmeisterschaft zu kämpfen.

Die Ankunft von Emerson Fittipaldi und die erste Meisterschaft

In der Saison 1974 hatte McLaren bewiesen, dass es ein Auto hatte, das Rennen gewinnen konnte. Er brauchte nur einen Fahrer, der das Beste aus ihm herausholen konnte. Und dafür haben sie den Brasilianer Emerson Fittipaldi verpflichtet.

Fittipaldi, der 1972 in seinem dritten Jahr bei Lotus und in der Formel 1 Meister geworden war, hatte 1973 in seinem besonderen Kampf mit Jackie Stewart den zweiten Platz belegt.

McLaren verließ sich auf sein Talent, um den Qualitätssprung zu schaffen, der für eine Konstrukteursmeisterschaft immer gefehlt hatte.

Neben Denny Hulme als Hauptfahrer des Teams wurde das Team durch den britischen Fahrer Mike Hailwood ergänzt, um die Kampagne zu starten.

Nach seiner erfolgreichen Teilnahme am Motorradsport (Meister der Königsklasse in den Jahren 1962, 1963, 1964 und 1965) fuhr Hailwood zwischen 1963 und 1965 mit Reg Parnell Racing auch in der Formel 1, allerdings nur im zweiten Jahr mit einem vollen Programm, bevor er 1971 mit dem Team Surtees an zwei Rennen teilnahm und 1972 und 1973 zwei volle Programme absolvierte, in denen er seinen ersten und einzigen Podiumsplatz erreichte.

22

[22] F1-fansite.com

Das Auto blieb in dieser Saison der M23, obwohl Fittipaldi dazu beitrug, das Wissen aus seiner Zeit bei Lotus einzubringen.

Und so ließen die guten Ergebnisse nicht lange auf sich warten. Denny Hulme bescherte McLaren beim Saisonauftakt in Argentinien den Sieg.

Dem Neuseeländer gelang es jedoch nicht, seinen Sieg zu wiederholen, und die Saison lag in den Händen des talentierten brasilianischen Fahrers, der zum Star des Teams wurde. Fittipaldi gewann das zweite Rennen des Jahres auf heimischem Boden und wiederholte seinen Triumph drei Rennen später.

Doch wieder einmal schien ein vielversprechender Start ins Stocken zu geraten, denn in den nächsten acht Rennen konnte McLaren kein einziges Rennen mehr gewinnen.

Nach dem elften Rennen verließ Hailwood das Team nach einem Podiumsplatz in Südafrika und mehreren Top-Ten-Platzierungen.

Zum Team stießen der Brite David Hobbs und der Deutsche Jochen Mass. Hobbs hatte Erfahrung mit dem berühmten Le-Mans-Rennen (er war 1962 Meister geworden) und hatte an sporadischen Veranstaltungen in der Formel 1 teilgenommen, wobei ein achter Platz sein bestes Ergebnis in einem BRM in Großbritannien 1967 war. In dieser Saison nahm er nur an zwei Rennen mit McLaren teil und wurde Siebter und Neunter.

Jochen Mass, Meister der Tourenwagen-Europameisterschaft, nahm 1973 an drei Rennen mit dem Team Surtess teil, mit dem er auch 1974 ein erweitertes Programm absolvierte, wobei er nur zwei der elf Rennen beendete, an denen er teilnahm. Das bedeutete, dass er in dieser Saison in den letzten beiden Rennen des Jahres für McLaren antrat und in Kanada den 16. und in den Vereinigten Staaten den 7.

Obwohl das Team 1974 mit Fittipaldis zweitem Sieg im fünften Rennen das ganze Jahr über ins Stocken geraten zu sein schien, gelang es dem Brasilianer, sich konstant an der Spitze zu halten, so dass er in einem Jahr, in dem niemand überragend gewinnen konnte, in der Schlussphase der Saison die Chance hatte, Meister zu werden.

Sein Hauptkonkurrent um den Titel war Clay Regazzoni, der für Ferrari fuhr. Zwei Rennen vor Schluss kehrte Fittipaldi auf die Siegerstraße zurück und gewann das Rennen in Kanada, während der Schweizer Zweiter wurde. Damit gingen beide Fahrer punktgleich in das letzte spannende Rennen in den Vereinigten Staaten (obwohl auch Scheckter in seinem Tyrrell eine Chance hatte).

In einem Rennen, in dem Helmuth Koinigg tödlich verunglückte, erschwerte ein Problem mit dem vorderen Stoßdämpfer das Rennen für Clay Regazzoni. Fittipaldi nutzte die Gunst der Stunde und wurde Vierter. Das reichte, um eine neue Weltmeisterschaft für sich und die erste von McLaren als Konstrukteur zu gewinnen.

23

Denny Hulme wurde im Qualifying Siebter und beendete damit seine Karriere in der Formel 1, nachdem er in den Anfangsjahren des McLaren-Teams zu einem der prominentesten Fahrer geworden war.

---

23 Topgear.de

1975 übernahm das Marlboro Team McLaren (ein Name, den es bereits in der vorangegangenen Saison erworben hatte) Emerson Fittipaldi, mit dem es hoffte, eine neue Ära des Erfolgs zu beginnen.

24

Sein Teamkollege und der einzige McLaren-Fahrer neben dem Brasilianer in dieser Saison war der Deutsche Jochen Mass, der bereits in der vergangenen Saison an den letzten beiden Rennen teilgenommen hatte.

Das Auto war wieder der M23 mit Weiterentwicklungen wie einem neuen 6-Gang-Getriebe und aerodynamischen Verstärkungen am Heck und verschiedenen Heckteilen, die mehrmals gewechselt wurden, so dass im Laufe des Jahres verschiedene Chassis entstanden.

Mit Fittipaldi am Steuer begann das Jahr 1975 glänzend: Der Brasilianer gewann das erste Rennen in Argentinien und wurde Zweiter in Brasilien, wo Jochen Mass ebenfalls auf dem Podium stand. Auch in Spanien, dem vierten Rennen des Jahres, siegte der Deutsche.

---

[24] F1-fansite.com

Doch wie schon in den Vorjahren schienen die Siege nach einem erfolgreichen Start auszubleiben, und es dauerte sechs Rennen, bis der nächste Sieg errungen wurde, als Fittipaldi in Deutschland den ersten Platz belegte. Es war auch McLarens dritter und letzter in diesem Jahr.

Trotzdem erwies sich Emerson Fittipaldi einmal mehr als sehr konstanter Fahrer, der neben seinen beiden Siegen auch vier Podiumsplätze erzielte, die ihn an die Spitze der Gesamtwertung brachten.

Er rechnete jedoch nicht mit dem talentierten Niki Lauda, der in seinem zweiten Jahr bei Ferrari 5 Siege errang und unschlagbar war und Fittipaldi auf den zweiten Platz in der Fahrerwertung verwies.

---

25 Deviantart.com

Jochen Mass, der seinem Sieg drei Podiumsplätze hinzufügte, konnte nur Sechster werden, was bedeutete, dass McLaren Dritter wurde, nur einen Punkt hinter Brabham, aber weit hinter Meister Ferrari.

Die Euphorie der vorjährigen Meisterschaft war zwar gedämpft, aber die Zuversicht, wieder an die Spitze zurückzukehren, war noch vorhanden.

Der Kampf zwischen James Hunt und Niki Lauda

Ende 1975 kündigte Fittipaldi seinen Wechsel zum Team seines Bruders Copersucar Fittipaldi an und ließ McLaren ohne seinen Starfahrer und ohne die Möglichkeit, einen der Stars des Rennens zu verpflichten, da sie alle bei ihren jeweiligen Teams unter Vertrag waren.

Als Ersatz für Jochen Mass hat sich das McLaren-Team für James Hunt entschieden. Der Brite hatte drei Saisons in der Formel 1 bei Hesketh Racing verbracht und dabei acht Podiumsplätze und in der letzten Saison sogar einen Sieg in den Niederlanden errungen - gute Ergebnisse, wenn man bedenkt, dass er in einem Team fuhr, das nicht zu den Top-Teams gehörte.

26

Wiederum mit dem M23, der zur M23D-Version weiterentwickelt wurde, startete der umstrittene James Hunt, der sich durch seine rebellische "Bad Boy"-Attitüde auszeichnete, im Schatten des Ferrari von Niki Lauda. Während der Österreicher die ersten sechs Rennen als Erster oder Zweiter beendete, gelang es Hunt, in Südafrika Zweiter zu werden und das Rennen in Spanien zu gewinnen, während er in den restlichen vier Rennen ausfiel.

Sein Sieg in Spanien wurde ebenfalls annulliert, da der McLaren breiter als vorgeschrieben war, obwohl er später wieder zugelassen wurde, da 1,5 Zentimeter nicht ausreichten, um gegen die Vorschriften zu verstoßen.

Niki Laudas Vorsprung war so groß, dass er zur Halbzeit der Meisterschaft 30 Punkte vor James lag, aber der brutale Unfall, der den Österreicher in Deutschland fast das Leben kostete, bedeutete, dass Lauda an den nächsten beiden Rennen nicht teilnehmen konnte.

James Hunt schlug daraus Kapital und fügte dem Sieg in Spanien in der zweiten Hälfte der Meisterschaft fünf weitere Siege hinzu. Trotzdem lag er bei der letzten Runde in Japan immer noch drei

---

[26] F1aldia.com

Punkte hinter Niki Lauda, der ein heldenhaftes Comeback feierte und trotz seiner Verletzung weiter Punkte sammelte.

27

Als der Regen die Strecke unter dem Berg Fuji überschwemmte, entschied sich Niki Lauda (wie auch andere Fahrer), vorsichtig zu sein und das Rennen aufzugeben, während Hunt, der risikofreudiger war, beschloss, auf der Jagd nach seiner ersten Weltmeisterschaft teilzunehmen.

James hätte Vierter werden müssen, aber ein Reifenproblem zwang ihn spät im Rennen an die Box und er fiel auf den fünften Platz zurück. In den letzten Runden des Rennens gelang es ihm jedoch, zwei Positionen gut zu machen und den Weltmeistertitel auf unerwartete Weise zu gewinnen.

McLaren gewann die Fahrermeisterschaft, konnte aber Ferrari in der Konstrukteurswertung nicht schlagen. Jochen Mass konnte im Laufe der Saison nur zwei Podiumsplätze erreichen und wurde Neunter in

---

27 Semana.com

der Endwertung, während Clay Regazzoni als Fünfter mit einem Sieg und drei Podiumsplätzen Ferrari den Sieg vor McLaren sicherte.

1977 setzte das Marlboro Team McLaren seine Arbeit mit Hunt und Mass als Fahrer fort, diesmal mit dem Ziel, nicht nur die Fahrer-, sondern auch die Konstrukteursmeisterschaft zu gewinnen.

Zu diesem Zweck entwickelte Coppuck den M26... der sich in Tests als problematisch erwies, da es zu Überhitzungsproblemen kam. Das bedeutete, dass der Kühler überarbeitet werden musste, und so begann die Saison mit dem M23 aus der vorherigen Saison. Aufgrund der Verzögerungen bei der Optimierung war der M26 erst gegen Ende der Saison 1977 fertig.

Mit dem Vorjahresauto versuchten Hunt und Mass zurückzuschlagen, aber es war klar, dass McLaren nicht in der Lage war, um Siege zu kämpfen.

Obwohl sie es schafften, an der Spitze mitzufahren, lag McLaren weit hinter dem Ferrari von Lauda und Reutemann, aber auch hinter dem Lotus von Andretti und sogar hinter dem Wolf von Scheckter. Mit der Einführung des M26 änderte sich die Dynamik der Ergebnisse.

28

---

[28] Motorpasion.de

Obwohl die ersten Ergebnisse nicht überzeugend waren und Hunt das Auto zunehmend verabscheute, waren die Bemühungen zur Verbesserung der Leistung und Zuverlässigkeit im Laufe der Saison spürbar. In der zweiten Hälfte der Meisterschaft gelang es dem Briten, drei Siege zu erringen... obwohl er in fünf der letzten sieben Rennen ausschied (in zwei davon, Österreich und Kanada, als er das Rennen anführte). Dies zeigte, dass der M26 ein leistungsstarkes, aber anfälliges Auto war.

Am Ende wurde James Hunt Fünfter in der Gesamtwertung, sein Teamkollege Jochen Mass wurde mit 15 Punkten Rückstand Sechster.

Eine Verbesserung in der zweiten Hälfte der Meisterschaft ermöglichte es McLaren, den dritten Platz zu erreichen, nur zwei Punkte hinter Lotus, aber weit hinter einem hegemonialen Ferrari, der von Lauda gefahren wurde. Es bestand jedoch Hoffnung auf eine erneute Titelverteidigung, wenn die Zuverlässigkeit der M26 verbessert werden könnte.

In dieser Saison gab der Kanadier Gilles Villeneuve im britischen Rennen sein Formel-1-Debüt für McLaren und belegte den 11. Platz. Der Italiener Bruno Giacomielli fuhr ebenfalls ein Rennen für McLaren, schied aber schließlich auf heimischem Boden aus.

1978 blieb James Hunt der Hauptfahrer des Teams, doch diesmal war Patrick Tambay, der Jochen Mass ersetzte, sein Teamkollege.

Der Franzose hatte sein Formel-1-Debüt im Vorjahr in der zweiten Saisonhälfte mit Theodore Racing Hongkong gegeben und dabei einen beachtlichen fünften Platz erreicht.

29

Trotz eines vielversprechenden Starts, bei dem Hunt und Tambay 1978 in Argentinien in die Punkteränge fuhren, mussten beide Fahrer in den nächsten beiden Rennen aufgeben, und James musste mit einem M26, dessen Zuverlässigkeit nicht besser wurde, drei weitere Male in Folge ausfallen.

Dieses Problem wurde durch den mächtigen Lotus 79 verschärft, der einen Bodeneffekt einsetzte, der ihm einen überwältigenden Vorteil gegenüber den anderen Autos verschaffte. Mit dem neuen Bodeneffekt, der die Autos auf dem Asphalt "klebte" und höhere Kurvengeschwindigkeiten ermöglichte, war der M26 bald überholt.

In der Mitte der Saison wurden die Pontons des M26 vergrößert und kleinere Front- und Heckflügel verwendet, um den Bodeneffekt weniger stark auszunutzen, aber die Ergebnisse waren nicht wie erwartet und das Team sank weiter ab. James Hunt beendete das Rennen mit nur 8 Punkten auf Platz 13, gleichauf mit seinem Teamkollegen Tambay, was zu seinem Ausscheiden aus dem McLaren-Team am Ende der Saison führte.

Der Italiener Bruno Giacomelli ersetzte Tambay in fünf Rennen, konnte aber in keinem davon punkten.

---

[29] Minicar.de

McLaren fiel in der Konstrukteurswertung auf den achten Platz zurück und erlitt einen schweren Rückschlag in seiner Karriere.

30

30 Flickr.com

Ungewissheit bei McLaren und die "Shitbox".

1978 musste sich das Marlboro Team McLaren erneuern, wenn es weiterhin zu den Spitzenteams der Formel 1 gehören wollte. Zu diesem Zweck wurde der M28 mit Hilfe des Windkanals entwickelt, um den Bodeneffekt umzusetzen, der den Lotus zu einem unschlagbaren Einsitzer gemacht hatte.

Das Ergebnis war ein größeres und sperrigeres Auto, was sich auf die Höchstgeschwindigkeit auswirkte und es zu einem der langsamsten bei Geschwindigkeitstests machte. Außerdem funktionierte der Bodeneffekt nicht wie erwartet und der Grip war nicht gut.

Man hatte sich für ein großes Auto entschieden, um ein breiteres Heck zu haben, um den Bodeneffekt auszunutzen, aber eine so große Frontpartie destabilisierte das Auto schließlich.

Dies führte dazu, dass das Fahrgestell im Laufe des Jahres überarbeitet werden musste, so dass insgesamt drei Varianten des M28 entstanden.

31

Nach der Bekanntgabe des Abgangs von James Hunt zog McLaren den Schweden Ronnie Peterson als Ersatz in Betracht, doch sein tödlicher Unfall in Italien Ende 1978 verhinderte die Verpflichtung.

Stattdessen entschied sich McLaren für John Watson, der in der Saison 1979 zu Tambay wechseln sollte. Der Brite war in der vergangenen Saison mit dem Parmalat Racing Team Sechster geworden und befand sich in seinen sechs Jahren in der Formel 1, in denen er sechs Mal auf dem Podium stand, auf dem Weg nach oben.

31 Commons.wikimedia.org

32

Watson feierte sein McLaren-Debüt mit einem Podiumsplatz in Argentinien, doch es war der einzige, den er in der ersten Hälfte der Meisterschaft erzielte, wobei er seine Unzufriedenheit mit einem Auto, das er als "Scheißkiste" bezeichnete, offen zur Schau stellte.

Obwohl Watson zwei weitere Punkte holte, wurde Tambay in den Rennen, die er beenden konnte, Zehnter oder schlechter, so dass das Auto verschrottet wurde und der M29 ab dem neunten Rennen eingesetzt wurde.

Auch dem M29 erging es nicht viel besser, und obwohl Watson in 4 der verbleibenden 7 Rennen in die Punkte fuhr, erreichte er nie wieder das Podium und beendete die Meisterschaft mit 15 Punkten auf dem neunten Platz, während Tambay keine Punkte sammeln konnte.

Damit belegte das Team den siebten Platz in der Konstrukteurswertung und setzte seinen schlechten Lauf fort.

1980 war der Druck auf die Mannschaft und die Notwendigkeit guter Ergebnisse bereits offensichtlich.

Patrick Tambay verließ das Team und ein Neuling, Alain Prost, der 1978 und 1979 französischer Formel-3-Meister und 1979 Formel-3-Europameister geworden war, wurde zu Watson geholt.

Die Leistung des M29 war jedoch ähnlich wie in der vorherigen Saison, wenn nicht sogar schlechter. Watson hatte Mühe, in den Top Ten zu landen, und konnte in den Vereinigten Staaten nur als Vierter punkten, während Prost, obwohl er in den ersten beiden Rennen Punkte holte, in den folgenden fünf Rennen nicht mehr punkten konnte.

Dadurch wurde die Entwicklung des M30 beschleunigt, um den Abwärtstrend des Teams zu stoppen. Es handelte sich um eine Version des M29, die den Bodeneffekt verstärken sollte, und wurde in den letzten vier Rennen der Meisterschaft ausschließlich von Alain Prost gefahren. Obwohl er im ersten Lauf Sechster und im zweiten Lauf Siebter wurde, musste er in Kanada aufgeben und konnte sich nicht für die USA qualifizieren, so dass die M30 aufgegeben wurde.

---

[33] Motorsportmagazine.de

34

Am Ende der Saison belegte John Watson mit 6 Punkten den 11. Platz, während Alain Prost mit 5 Punkten 16. wurde. Mit diesen 11 Punkten belegte McLaren den neunten Platz in der Konstrukteurswertung, und es schien, dass das Team nicht in der Lage war, sich zu verbessern und sogar um seine Existenz fürchten musste.

---

[34] Pinterest.com

Die Ankunft von Ron Dennis

1980 begann der Hauptsponsor von McLaren, Philip Morris, Druck auf das Team auszuüben, um eine sichtbare Verbesserung zu erreichen, was zu einer Fusion mit Ron Dennis' Project Four Formula Two Team führte, das sich einen Sponsor teilte. Nach der Fusion zog das Team von Colnbrook zum neuen Standort in Woking um, und obwohl sich Dennis und Mayer die Leitung teilten, verließ Mayer schließlich das Unternehmen und überließ Dennis die Leitung.

Dieser Wechsel brachte den Designer John Barnard ins Team, der ein innovatives Kohlefaserchassis anstelle des üblichen Aluminiums entwerfen wollte. Mit dem Geld aus der Fusion konnte er endlich seine Idee verwirklichen, und der MP4/1 wurde der erste Einsitzer, bei dem Kohlefaser verwendet wurde, etwas, das in der Formel 1 so lange eingesetzt wurde, bis es unverzichtbar wurde.

Dieses neue Material ermöglichte es, einen Einsitzer zu bauen, der viel leichter und damit schneller ist, ohne seine Festigkeit zu beeinträchtigen.

Bei McLaren begann eine neue Ära. Nach dem Abgang von Alain Prost zu Renault wurde Andrea de Cesaris als Fahrer an der Seite von John Watson eingesetzt.

Der Italiener hatte sein Debüt in der Schlussphase der Meisterschaft 1980 gegeben, als er mit Alfa Romeo an zwei Rennen teilnahm. Im ersten Rennen fiel sein Motor nach acht Runden aus und im zweiten Rennen hatte er in der zweiten Runde einen Unfall.

Damit hatte Watson wieder einmal einen Fahrer ohne viel Formel-1-Erfahrung als Teamkollegen.

Der Start in die Saison war etwas ungewiss, denn Watson wurde zwar Zehnter, konnte aber in den ersten sechs Rennen keine Punkte einfahren. Watsons dritter Platz und seine Podiumsplatzierung in Spanien ließen die Hoffnungen des Teams jedoch wieder aufleben. Dies wurde durch den zweiten Platz in Frankreich und den Sieg in Spanien in drei aufeinander folgenden Rennen noch verstärkt, um das Team wiederzubeleben.

35

---

[35] Eventosmotor.de

Im weiteren Verlauf der Saison ließ die Euphorie nach, obwohl Watson in Kanada mit einem zweiten Platz einen weiteren Podiumsplatz erreichte und in Deutschland und Österreich in die Punkte fuhr.

Andrea de Cesaris konnte dagegen nicht mit seinem Teamkollegen mithalten und holte in San Marino nur einen Punkt. McLaren kam zwar nur auf 28 Punkte und den sechsten Platz, aber immerhin hatte man sich im Vergleich zu den Vorjahren verbessert und war sogar wieder auf die Siegerstraße zurückgekehrt.

1982 gab McLaren die Verpflichtung von Niki Lauda bekannt, der nach seinem Rücktritt im Jahr 1979 in die Formel 1 zurückkehrte. Obwohl der Bodeneffekt seine Fahrweise seither verändert hatte, hatte Watson endlich einen erfahrenen Teamkollegen, der zusammen mit den neuen Verbesserungen am MP1/4 den Wiederaufstieg McLarens vollenden konnte.

Der Beginn des Jahres 1982 war also ermutigend. Lauda wurde im ersten Rennen in Südafrika Vierter und Watson Sechster, aber der Brite schaffte es im folgenden Rennen auf das Podium.

Der Österreicher gewann das dritte Rennen in den Vereinigten Staaten. Auch im fünften Rennen, in Belgien, kehrte Watson zum Sieg zurück und wiederholte seinen Triumph zwei Rennen später.

All diese Siege brachten McLaren zurück an die Spitze des Wettbewerbs und sogar zurück in den Traum von einer neuen Meisterschaft... obwohl die zweite Saisonhälfte eher bescheidene Ergebnisse brachte. Nur Niki Lauda konnte in Großbritannien einen weiteren Sieg erringen, und beide Fahrer standen jeweils nur noch einmal auf dem Podium.

Trotzdem war McLaren bis zum Schluss im Rennen um den Fahrer- und den Konstrukteurtitel dabei. John Watson kämpfte mit Keke Rosbergs Williams um die Meisterschaft und beide gingen mit einer Chance in das letzte Rennen in Las Vegas (das dritte Rennen in den Vereinigten Staaten in diesem Jahr). Watson musste das Rennen gewinnen und Rosberg durfte keinen Punkt holen. Das war schwierig und gelang nicht, da der fünfte Platz dem finnischen Williams-Piloten den Titel bescherte. Aber zumindest hat McLaren wieder gespürt, wie es ist, bis zum Schluss um eine Weltmeisterschaft zu kämpfen.

In der Konstrukteursmeisterschaft war es ähnlich: McLaren hatte bis zum Schluss eine Chance, aber am Ende gewann Ferrari die Meisterschaft und verwies McLaren mit nur 5 Punkten Vorsprung auf den zweiten Platz.

Endlich sah es so aus, als wäre McLaren zurück und könnte um neue Meisterschaften kämpfen.

Anfang der 1980er Jahre begannen die von Renault eingeführten Turbomotoren, sich bei anderen Teams als Ersatz für die klassischen Saugmotoren zu etablieren und sich im Rennsport durchzusetzen. Wenn McLaren seinen Aufstieg fortsetzen und an der Spitze bleiben wollte, musste es sich an sie anpassen.

Für diese Anpassung schloss sich Ron Dennis mit dem Sponsor Techniques d'Avant Garde (TAG) zusammen, um von Porsche hergestellte Turbomotoren zu erwerben.

Die Saison begann mit Cosworth-Motoren, die aber schließlich durch TAG TTE PO1 1.5 L V6t Motoren für die E-Version des MP4/1 ersetzt wurden.

John Watson und Niki Lauda fuhren als Teamfahrer weiter, in der Hoffnung, dass sich der Wechsel zum Turbomotor nicht negativ auf sie auswirken würde.

Der Einsatz des Ford-Motors im Jahr 1983 war ein leichter Rückschritt, obwohl John Watson im zweiten Rennen im Westen der Vereinigten Staaten den Sieg errang (von der letzten Startreihe aus) und Niki Lauda bei den ersten beiden Rennen des Jahres auf dem Podium stand. Danach machten sich Zuverlässigkeitsprobleme bemerkbar, und als die Rennen beendet waren, gab es kaum noch Punkte. Watson kehrte noch zweimal auf das Podium zurück, während Niki Lauda in der gesamten Saison nicht mehr unter den ersten drei Plätzen landete.

McLaren war wieder in der Spitzengruppe, aber die Fähigkeit, um die Meisterschaft zu kämpfen, ging verloren. Vor diesem Hintergrund wurde der Übergang zur TAG-Engine katastrophal vollzogen. In 3 der 4 Rennen, in denen er eingesetzt wurde, schieden beide Fahrzeuge aus. Im letzten Rennen kam Lauda zwar ins Ziel, aber nur als Elfter.

John Watson wurde Sechster mit 22 Punkten und Niki Lauda Zehnter mit 12 Punkten. In der Gesamtwertung fiel McLaren auf den fünften Platz zurück, ein weiterer Rückschlag in einem Jahr, in dem man gehofft hatte, wieder um die Weltmeisterschaft kämpfen zu können.

Alain Prosts Rückkehr zum Ruhm bei McLaren

1984 kehrte Alain Prost nach einem Zerwürfnis mit Renault zu McLaren zurück. Der Franzose war in der vorangegangenen Saison Vizemeister geworden und hatte sich öffentlich über sein Team geärgert, dessen Auto ihn aufgrund von Zuverlässigkeitsproblemen am Gewinn der Meisterschaft gehindert hatte.

John Watson verließ das Team, als seine Forderung nach einer Gehaltserhöhung nicht akzeptiert wurde (er wollte mehr Geld als Niki Lauda erhalten), und mit Prost und Niki Lauda hatte McLaren eine sehr fähige Fahrerbesetzung.

Für sie wurde der MP4/2 entwickelt, mit einem von Steve Nichols, John Barnard, Alan Jenkins, Gordon Kimball, Bob Bell und Tim Wright entworfenen Chassis, das in diesem Jahr bereits während der gesamten Kampagne von dem 650 PS starken TAG-Porsche-Motor für die Rennen angetrieben wurde und im Qualifying mit Vollgas 800 PS leisten konnte.

Ein weiteres vorteilhaftes Merkmal des MP4/2 war die Verwendung von Kohlefaserbremsen, die eine effizientere Bremsleistung ermöglichten, außer auf Straßenkursen.

36

Der neue McLaren erwies sich von Anfang an als sehr effektiv, denn Alain Prost gewann das erste Rennen in Brasilien und Niki Lauda das zweite in Südafrika.

---

36 Snaplap.net

Beide Fahrer waren bei der Entwicklung des Autos von unschätzbarem Wert, da sie wichtige Beiträge und Rückmeldungen lieferten, und dieser Erfolg hielt das ganze Jahr über an.

Mit einem effizienten Auto und zwei der besten Fahrer in der Startaufstellung gelang es McLaren nicht nur, wieder um die Meisterschaft zu kämpfen, sondern die gesamte Saison über zu dominieren.

Das Team gewann zwölf der sechzehn Rennen und erzielte dabei vier Doppelsiege. McLaren gewann nicht nur, sondern wurde auch die dominierende Kraft in der Formel 1.

Die Fahrerwertung wurde unangefochten von den beiden McLaren-Fahrern bestritten, die mit der Chance auf den Titel in die letzte Runde in Portugal gingen. Alain Prost gewann das portugiesische Rennen, aber Niki Lauda nutzte seinen knappen Punktevorsprung aus und holte sich mit dem zweiten Platz seine dritte Weltmeisterschaft, mit dem zusätzlichen Bonus, dass er in den Ruhestand gegangen und in den Rennsport zurückgekehrt war.

[37] Maxf1.net

Die überwältigende Dominanz von McLaren führte dazu, dass das Unternehmen die Punktzahl des zweitplatzierten Ferrari fast verdreifachte und damit seinen zweiten Konstrukteurstitel in der Geschichte erringen konnte.

McLaren war zurück an der Spitze der Formel 1, und die Herausforderung bestand darin, herauszufinden, ob es dieses Mal seinen Erfolg über einen längeren Zeitraum aufrechterhalten konnte.

So wurden 1985 das Team und der Einsitzer (mit leichten Änderungen) wiederholt, in der Hoffnung, eine neue Meisterschaft zu gewinnen.

Die neue Saison begann mit dem Sieg von Alain Prost in Brasilien, der ein weiteres Jahr der Dominanz einläutete, und setzte sich im Laufe des Jahres mit einer starken Leistung fort, mit vier weiteren Siegen und sechs weiteren Podiumsplätzen, wobei er in den Rennen, in denen er nicht wegen technischer Probleme aufgeben musste, nicht schlechter als Vierter wurde.

Niki Laudas Leistung war nicht so gut, er musste in den ersten acht Rennen sieben Mal aufgeben, was seine Saison beeinträchtigte. In der zweiten Saisonhälfte gelang ihm ein Sieg in Holland, aber ein Unfall in Belgien führte dazu, dass er zwei Rennen verpasste, und als er zurückkehrte, musste er nur zwei weitere Ausfälle hinnehmen. Dadurch fiel er in der Fahrerwertung auf den zehnten Platz zurück.

Da Niki Lauda nicht mehr antrat, war Prosts Hauptkonkurrent um die Meisterschaft der Italiener Michele Alboreto im Ferrari, der jedoch kein gefährlicher Herausforderer war und ihn schließlich in der Endabrechnung um 20 Punkte überholte. Alain Prost gewann damit die Weltmeisterschaft, die ihm bei Renault verwehrt geblieben war.

Niki Laudas schwierige Saison bedeutete, dass McLaren mit Ferrari um den Konstrukteurstitel kämpfen musste, aber Alboretos italienischer Teamkollege, der Schwede Stefan Johansson, konnte keinen Sieg erringen, und die Leistungen von Prost reichten McLaren schließlich aus, um den zweiten Titel in Folge und den dritten in der Geschichte des Unternehmens zu gewinnen.

Damit sah es so aus, als würde McLaren beginnen, seine Herrschaft in der Formel 1 zu etablieren.

1986 verließ Niki Lauda die Formel 1 für immer, und sein Platz bei McLaren wurde von Keke Rosberg eingenommen. Der Finne war 1982 mit dem TAG-Williams-Team Meister geworden. Er blieb drei weitere Jahre bei Williams und wurde Fünfter, Achter und Dritter in der Fahrerwertung.

Mit seinem Wechsel zu McLaren und der Leistung des MP4/2 war er zuversichtlich, dass er wieder Champion werden könnte. Neben Prost verfügte das McLaren-Team über zwei sehr talentierte Fahrer mit dem Ziel, seine Dominanz in der Formel 1 aufrechtzuerhalten.

---

38 60Jahre.autosport.de

Die Saison begann für McLaren nicht gut, da beide Fahrer in Brasilien ausfielen, aber nach einem dritten Platz in Spanien konnte Alain Prost die nächsten beiden Rennen gewinnen: San Marino und Monaco. Dies erlaubte ihnen, von einem weiteren Jahr der Dominanz zu träumen.

Sie hatten es jedoch mit einem starken Gegner zu tun, dem Williams FW11 von Nigel Mansell, der vier der nächsten fünf Rennen gewann, wobei Alain Prost mit vier Podiumsplätzen versuchte, mit einer überraschend starken Williams-Leistung mitzuhalten.

Einer der Hauptnachteile des McLaren im Vergleich zum Williams war sein hoher Kraftstoffverbrauch. Paradoxerweise bedeutete die Leistungssteigerung des TAG-Motors, dass er mehr verbrauchte als erwartet, was zusammen mit der Begrenzung auf 195 statt 220 Liter

---

[39] F1-fansite.com

aufgrund der Reglementänderung zu einem größeren Schaden als erwartet führte.

Mansells Siegesserie erlahmte, und in der zweiten Saisonhälfte konnte er nur noch einen weiteren Sieg verbuchen, was vor allem auf seinen Teamkollegen Nelson Piquet zurückzuführen war, der eine Reihe von Siegen einfuhr.

Dies ermöglichte es Prost, bis zum letzten Rennen in Australien gegen Mansell und Piquet um die Fahrerwertung zu kämpfen. Obwohl der französische McLaren-Pilot im Nachteil war, führten ein Reifenschaden von Mansell und ein vorsorglicher Boxenstopp von Piquet dazu, dass Alain Prost nach dem Sieg in Australien in einem spannenden Saisonfinale erneut Weltmeister wurde. Er war erst der zweite Fahrer nach Jack Brabham, der zwei Weltmeisterschaften in Folge gewann.

40

[40] Deviantart.com

McLaren gewann eine neue Fahrermeisterschaft, aber Keke Rosberg konnte nicht genug Punkte sammeln, um die Williams von Mansell und Piquet zu schlagen.

Rosberg blieb die gesamte Saison über sieglos, stand nur in Monaco auf dem Podium und belegte in der Endabrechnung den sechsten Platz, wobei McLaren die Konstrukteurskrone der Formel 1 an Williams abgab.

1987 verlor McLaren Barnard für das Design des MP4/3, da der Designer zu Ferrari wechselte. Stattdessen holten sie Steve Nichols, einen Entwicklungsingenieur von Hercules Aerospace, in das Entwicklungsteam.

Das neue Auto sah ganz anders aus als sein Vorgänger: Es war niedriger und hatte eine schmalere Nase, es sollte weniger sperrig sein, um weniger Kraftstoff zu verbrauchen, und es hatte zusätzliche Seitenkühler.

41

---

41 En.wheelsage.org

Keke Rosberg verließ McLaren (und die Formel 1) in dieser Saison und wurde durch Stefan Johansson ersetzt, der zu Prost wechselte. Der Schwede wurde verpflichtet, nachdem er sich in seinem zweiten Jahr bei Ferrari als Fünfter qualifiziert hatte. Zuvor war er 1984 mit unvollständigen Programmen bei Toleman und Tyrrell und 1983 bei Spirit Racing gefahren.

42

Alain Prost gewann das erste Rennen in Brasilien und das dritte in Belgien, und auch Johansson stand in beiden Rennen auf dem Podium, was darauf hinzudeuten schien, dass die Einstellungen des MP4/3 ausreichten, um den Williams zu schlagen.

Im Laufe der Saison rückte der Sieg jedoch immer weiter in die Ferne, und die Siege wurden zwischen den Williams von Mansell und Piquet und dem Lotus von Ayrton Senna aufgeteilt.

---

42 Scuderiafans.de

Tatsächlich gelang Alain Prost nur noch ein weiterer Sieg, in Portugal, da der Williams das ganze Jahr über überlegen war und in der Endabrechnung sogar hinter Senna zurückfiel.

Johansson seinerseits konnte zwar kein Rennen gewinnen, aber immerhin fünf Podiumsplätze erreichen. McLaren gelang es, trotz des Vorstoßes von Lotus den zweiten Platz in der Meisterschaft zu verteidigen, aber Williams holte sich erneut die Konstrukteurswertung, dieses Mal mit größerem Abstand.

Die Rivalität zwischen Alain Prost und Ayrton Senna

1988 verpflichtete McLaren den talentierten Ayrton Senna als Ersatz für Johansson. Der legendäre Brasilianer hatte 1984 sein Formel-1-Debüt gegeben und mit Toleman, einem der schwächsten Teams in der Startaufstellung, drei Podiumsplätze erzielt.

Danach fuhr er drei Saisons für Lotus, wobei er in den ersten beiden Saisons Vierter und in der letzten Saison Dritter wurde.

McLaren hatte in dieser Saison zwei sehr talentierte Fahrer, die beide später zu großen Rivalen werden sollten.

Die wichtigste Änderung am neuen MP4/4 war der Verzicht auf die veralteten Porsche-Motoren zugunsten der Honda-Motoren, die in der vergangenen Saison die unbesiegbaren Williams angetrieben hatten. McLaren entschied sich für den 1,5-Liter-V6-Turbomotor von Honda, obwohl die anderen Teams damit begannen, Saugmotoren einzuführen, die ab der nächsten Saison per Reglement vorgeschrieben sein würden, und das Reglement Turbomotoren bestrafte, um den Übergang zu fördern.

43

Für McLaren war es eine außergewöhnliche Saison, in der das Team das Feld dominierte und 15 der 16 Rennen der Meisterschaft gewann. In dem einzigen Rennen, das sie nicht gewannen, führte Senna, als er mit einem Auto kollidierte, das er überholte.

Angesichts dieser überwältigenden Dominanz und weil es keinen anderen Herausforderer für den übermächtigen McLaren gab,

---

43 Formulaf1.co.uk

wurden die beiden Fahrer des Teams zu dessen einzigen Rivalen. Sie waren die einzigen, die sich gegenseitig schlagen konnten, was zu einer großen Rivalität zwischen Prost und Senna führte. In Portugal stieß Senna Prost in die Boxenmauer, obwohl der Franzose das Rennen schließlich gewinnen konnte.

Prost gewann im Laufe der Saison 7 Rennen, Senna 8. Obwohl der Franzose mehr Punkte sammelte als der Brasilianer, ermöglichte die Regel, dass nur die 11 besten Leistungen in die Wertung eingehen, Ayrton Senna den Gewinn seiner ersten Fahrermeisterschaft.

McLaren gewann mit 134 Punkten Vorsprung vor Ferrari souverän seine vierte Konstrukteursmeisterschaft.

44

1989 musste sich McLaren auf das Turboverbot einstellen. Dafür lieferte Honda einen 3,5-Liter-V10-Saugmotor.

---

[44] Laguiaformulera.com

Der MP4/5 war seinem Vorgänger sehr ähnlich, und die wichtigste Änderung neben dem Motor war die Umstellung vom Längs- auf den Querantrieb in der Mitte der Saison und im folgenden Jahr.

Obwohl das erste Rennen in Brasilien von Nigel Mansells Ferrari gewonnen wurde, schien sich der Motorenwechsel nicht auf McLaren auszuwirken, das die Saison erneut dominierte und in den 16 Rennen des Jahres 10 Siege und einen weiteren Konstrukteurstitel errang.

Wieder einmal waren Senna und Prost Teamkollegen und gleichzeitig die einzigen Titelanwärter, was ihre Rivalität noch verstärkte. In San Marino hielt sich Senna nicht an die Abmachung, in der ersten Kurve nicht zu überholen, und Prost fühlte sich ungerecht behandelt und unterbewertet, weshalb er sich in der folgenden Saison für Ferrari entschied.

Beim letzten Rennen in Japan hatten beide Fahrer die Chance, Meister zu werden, was die Feindseligkeiten weiter verschärfte. Die beiden kollidierten im Verlauf des Rennens, und obwohl Senna sich von dem Aufprall erholen und das Rennen gewinnen konnte, wurde er schließlich disqualifiziert, so dass der Weltmeistertitel an Alain Prost ging.

[45]

---

[45] Autobild.co.uk

1990 machte Prost seine Drohung wahr, zu Ferrari zu wechseln, und so war es der Österreicher Gerhard Berger, der zu Senna zu McLaren wechselte. Berger war drei Jahre lang für Ferrari gefahren, wobei ein dritter Platz in der Weltmeisterschaft sein bestes Ergebnis war, und hatte zuvor eine Saison bei Benetton und eine bei Arrows bestritten.

Trotz des Teamwechsels von Prost war die Saison erneut ein Kampf zwischen dem Franzosen und Ayrton Senna. Der Brasilianer gewann das erste Rennen in den Vereinigten Staaten, aber Prost antwortete, indem er das zweite Rennen in Brasilien gewann.

Die beiden teilten sich die Siege, wobei Senna im Laufe des Jahres sechs und Prost fünf Siege errang.

[46] Sportfoto-Galerie.de

Dieses Mal wurde die Meisterschaft zwischen den beiden im vorletzten Rennen in Japan entschieden. Doch es endete wie in der vorangegangenen Saison: Senna krachte mit Prost zusammen. Diesmal wurde der Brasilianer jedoch nicht bestraft, und da beide aus dem Rennen waren, wurde Ayrton Senna zum zweiten Mal Weltmeister.

47

Gerhard Berger konnte zwar kein Rennen gewinnen, aber mit 7 Podiumsplätzen und 43 Punkten ermöglichte er es McLaren, Ferrari um 11 Punkte zu überholen und die sechste Konstrukteursmeisterschaft für das Team zu gewinnen, das gerade seine größte Blütezeit erlebte.

Das Jahr 1991 begann ohne große Veränderungen, abgesehen von Hondas neuem V12-Motor für den MP4/6, der sich bei den ersten Tests als nicht sehr leistungsfähig erwies, aber zusammen mit dem

---

[47] Diariovasco.com

Talent von Ayrton Senna dem Brasilianer ermöglichte, die ersten vier Rennen der Saison zu gewinnen.

Nach diesem Start sah es so aus, als würde es ein Jahr der leichten Dominanz für McLaren und Senna werden, der die Formel 1 beherrschte, vor allem, weil Prost Schwierigkeiten hatte, Rennen zu gewinnen (er gewann das ganze Jahr über nicht).

Als jedoch der Renault RS3-Motor von Williams zuverlässiger wurde, dominierte das Canon Williams Team die Meisterschaft, wobei Nigel Mansell drei aufeinanderfolgende Siege in Frankreich, Großbritannien und Deutschland errang.

Senna reagierte rechtzeitig und gewann die nächsten beiden Rennen in Ungarn und Belgien, aber Mansell kam in Italien und Spanien zurück.

Obwohl die Stärke des Williams die Dominanz von McLaren bedrohte, beendete Senna die Saison mit einem zweiten Platz in Japan und einem Sieg in Australien und gewann seine dritte Meisterschaft mit einem komfortablen Vorsprung von 24 Punkten vor Mansell.

[48]

[48] Soymotor.de

Berger, dem es diesmal gelang, ein Rennen in Japan zu gewinnen, wurde in der Endabrechnung Vierter und verhalf McLaren zum siebten Konstrukteurstitel, womit die Erfolgsserie fortgesetzt wurde.

1992 war McLaren zuversichtlich, seine Vorherrschaft in der Formel 1 fortsetzen zu können, doch Mansells Williams machte weiter Fortschritte und verbesserte sich so sehr, dass er zum dominierenden Auto wurde: Mansell gewann die ersten fünf Rennen und holte insgesamt acht Siege in den ersten zehn Rennen des Jahres.

Dies veranlasste McLaren, die Markteinführung des MP4/7 so schnell wie möglich vorzuziehen. Er verfügte über ein halbautomatisches Getriebe, das es ermöglichte, den Fuß auf dem Pedal zu lassen, ohne ihn beim Schalten anzuheben.

So konnte Senna zwar in Monaco, Ungarn und Italien gewinnen, aber das reichte nicht aus, um mit den Williams von Mansell und Patrese mitzuhalten, und der Brasilianer fiel in der Gesamtwertung sogar hinter den Benetton von Michael Schumacher zurück.

[49] Autolimite.de

Berger verbesserte paradoxerweise seine bisherigen Ergebnisse mit zwei Siegen und drei Podiumsplätzen, die ihm den vierten Platz in der Weltmeisterschaft einbrachten, nur einen Punkt hinter Senna.

Als Team konnten sie sich mit 8 Punkten Vorsprung auf Benetton auf dem zweiten Platz halten, lagen aber weit hinter Williams, die ihnen in Woking die gewohnte Spitzenposition wegschnappten.

Die Ära der Dominanz von McLaren in der Formel 1 war damit beendet.

1993 zog sich Honda aus der Formel 1 zurück, um an der IndyCar-Serie teilzunehmen, so dass McLaren zu Ford-Motoren zurückkehrte und den Ford HBE7 3.5 V8 einsetzte, obwohl es erfolglos versucht hatte, um den Renault-Motor zu verhandeln, der Williams so viel Leistung brachte.

Berger wurde von Ferrari unter Vertrag genommen, also verpflichtete McLaren Michael Andretti als Sennas Teamkollegen. Michael hatte 1991 in der IndyCar-Klasse gewonnen, hatte aber keine Formel-1-Erfahrung.

50 Thebestf1.co.uk

1993 stieg Nigel Mansell in die IndyCar ein (und wurde Meister), und sein Platz bei Williams wurde von Alain Prost eingenommen. Dies bedeutete, dass Senna erneut gegen seinen ehemaligen Teamkollegen antreten musste, nun unter Bedingungen, die aufgrund des Potenzials des Williams für den Franzosen günstig waren.

Tatsächlich war es Prost, der das erste Rennen in Südafrika gewann, aber Senna gewann die nächsten beiden. Der Franzose gewann das vierte und fünfte Rennen, Senna das sechste in einem Schlagabtausch der Siege, der die Rivalität zwischen den beiden wieder aufleben ließ.

Dann war es Alain Prost, der vier aufeinanderfolgende Rennen in Kanada, Frankreich, Großbritannien und Deutschland gewann und damit das Blatt zu seinen Gunsten wendete. Nach dieser Siegesserie war es Teamkollege Damon Hill, der mit drei Siegen in Folge die Dominanz von Williams untermauerte.

Senna reagierte spät in der Saison mit den letzten beiden Siegen in Japan und Australien, aber sie kamen zu spät, um Prost zu überholen, und der Brasilianer musste sich mit dem zweiten Platz begnügen.

51 Diariomotor.de

Michael Andretti hatte keine gute Saison: Er schied in den ersten vier Rennen aus und erreichte nur einen einzigen Podiumsplatz in Italien. Dies veranlasste den Finnen Mika Häkkinen, ihn bei den letzten drei Veranstaltungen zu ersetzen. Häkkinen kam zu McLaren, nachdem er zwei Jahre lang bei Lotus Formel-1-Erfahrung gesammelt hatte, wo er in der ersten Saison 2 und in der zweiten Saison 11 Punkte erzielte.

52

Häkkinen schied in zwei der drei Rennen, an denen er teilnahm, aus, doch in Japan gelang ihm ein Platz auf dem Podium.

Damit belegte McLaren erneut den zweiten Platz in der Konstrukteurswertung, lag aber immer noch weit hinter Williams, das doppelt so viele Punkte wie McLaren hatte.

52 F1-fansite.com

Der Abschied von Senna und der Beginn der McLaren-Mercedes-Ära

1994 unterschrieb Ayrton Senna bei Williams, das zu dem Auto geworden war, das jeder Fahrer fahren wollte. Es war die Saison seines verhängnisvollen Unfalls in San Marino, durch den die Formel 1 einen ihrer talentiertesten Fahrer in der Geschichte verlor.

Sennas Wechsel zu einem konkurrierenden Team bedeutete, dass McLaren seinen besten Fahrer verlor, was es für das Team schwieriger machte, um eine weitere Weltmeisterschaft zu kämpfen.

Auf der Suche nach zusätzlicher Leistung, um mit Williams mithalten zu können, verhandelte das Team mit Lamborghini als Motorenlieferant, aber nach erfolglosen Verhandlungen wurde schließlich der 760 PS starke Peugeot A6 3.5 V10-Motor für den MP4/9 von 1994 verwendet.

Das neue Auto wurde von Neil Oatley mit dem Ziel entworfen, den Abstand zu Williams zu verringern. In diesem Jahr wurden Bremsassistent, aktive Federung, Traktionskontrolle und ABS abgeschafft, um den Fahrern die Kontrolle über die mechanischen Hilfsmittel zurückzugeben.

Nach seinen drei Rennen im Jahr 1993 fuhr Häkkinen mit dem Team weiter, diesmal mit einem vollen Programm. Sein Teamkollege war der britische Fahrer Martin Brundle, der 1984 sein Formel-1-Debüt gab und drei Jahre lang für Tyrrell fuhr, bevor er eine Saison bei West Zakspeed Racing absolvierte. Danach verbrachte er zwei Jahre bei Motor Racing Developments, wo er weiterhin regelmäßig Punkte sammelte. 1992 wechselte er zum Camel-Benetton-Ford-Team, wo er seine ersten sechs Podiumsplätze einfuhr. 1993 holte er einen weiteren Podiumsplatz im Ligier Gitanes Blondes.

McLaren hat daher einen erfahrenen Fahrer geholt, der den Formel-1-Thron zurückerobern will.

53

Die Saison begann mit Komplikationen, da beide Autos in den ersten beiden Rennen ausfielen, aber Häkkinen gab dem Team mit einem

53 Es.vmax.si

Podiumsplatz in San Marino Hoffnung, an dem Tag, an dem die Welt Ayrton Senna verlor.

Das gute Ergebnis in San Marino war eine Fata Morgana, denn es folgten drei weitere Ausfälle für den Finnen, aber zumindest hielt Brundle mit einem zweiten Platz in Monaco die Hoffnung am Leben.

54

Die zweite Hälfte verlief für McLaren erfolgreicher: Häkkinen holte fünf weitere Podiumsplätze, obwohl er nach einem Unfall in Deutschland auch das Rennen in Ungarn verpasste, wo er durch den Franzosen Phillippe Alliot ersetzt wurde, der schließlich ebenfalls ausschied. Martin Brundle erzielte beim letzten Rennen in Australien ebenfalls einen weiteren Podiumsplatz.

Das bedeutete, dass Häkkinen in der Fahrerwertung den vierten und der Brite den siebten Platz belegen konnte, aber es war eine harte Realität: Es war das erste Mal seit 1980, dass der McLaren nicht mindestens ein Rennen in einer Saison gewinnen konnte.

Auf diese Weise war es nicht nur unmöglich, Williams einzuholen (der wieder einmal die Meisterschaft gewann), sondern man fiel in einem klaren und harten Rückzug hinter Benetton und Ferrari zurück.

---

54 Statsf1.com

1995 stieg Peugeot wegen der Unzuverlässigkeit seines Motors aus, und McLaren wurde von nun an von Mercedes-Benz-Motoren angetrieben, die von Ilmor entwickelt wurden.

Der MP4/10 wurde von dem Mercedes FO 110 3.0 V10 angetrieben. Das Hauptmerkmal des Wagens war die nadelförmige Nase, die das Aussehen der Formel 1 radikal veränderte.

55

Die Testleistung des Autos war vielversprechend, was die Hoffnungen des Teams wieder aufleben ließ. Zu diesem Optimismus trug auch die Verpflichtung des ehemaligen Champions Nigel Mansell bei. Da der Brite jedoch nicht in das Cockpit passte und Schmerzen in der Hüfte und den Ellenbogen hatte, konnte er die ersten beiden Rennen nicht bestreiten, während das Auto umgebaut wurde.

---

55 Karpixel.net

Häkkinen begann die Saison an der Seite des Briten Mark Blundell, der in der vorangegangenen Saison mit Tyrrell auf Platz 13 gelandet war und in Spanien einmal auf dem Podium stand. Zuvor war er eine Saison lang für Ligier gefahren und hatte dabei zwei Podiumsplätze erreicht. 1991 hatte er sein Formel-1-Debüt bei Motor Racing Developments gegeben.

[56]

Häkkinen begann die Saison als Vierter in Brasilien und schied in Argentinien aus, während Blundell im ersten Rennen Sechster wurde und im zweiten Rennen ausschied.

Für San Marino und Spanien wurde Mansells Wunschtermin bestätigt, aber nachdem er in San Marino Zehnter wurde und in Spanien ausschied und sich mit dem Auto nicht wohl fühlte, stieg er aus dem Programm aus, während Blundell als zweiter Fahrer zurückkehrte.

Der Rest der Saison verlief eher uneinheitlich, obwohl Häkkinen zwei Podiumsplätze und Blundell einen erreichten und beide immer wieder in die Punkte fahren konnten, waren die Ausfälle immer noch zu zahlreich und McLaren gelang es nicht, ein konstantes Team zu

---

[56] Aminoapps.de

sein. Häkkinen wurde Siebter in der Weltmeisterschaft und Blundell 13.

In der Gesamtwertung belegte McLaren den vierten Platz und wurde von den Champions Benetton, Williams und Ferrari überholt, womit man sich von den Spitzenplätzen der Vorjahre entfernte.

1996 wurde der MP4/11 mit Hilfe von Alain Prost als Berater entwickelt, da Häkkinen in der vorangegangenen Saison einen schweren Unfall im Qualifying in Australien erlitten hatte. Im zweiten Jahr der Partnerschaft mit Mercedes war es das Ziel, die enttäuschende letzte Saison zu übertreffen.

Häkkinens Teamkollege war diesmal der britische Fahrer David Coulthard. Der Brite hatte 1994 sein Formel-1-Debüt mit Williams gegeben und war Achter geworden. 1995 war er mit dem Rothmans-Williams-Renault Dritter geworden. Während wir abwarten, ob der neue McLaren mit Williams konkurrieren kann, haben sie wenigstens einen ihrer Fahrer.

[57]

---

[57] Racinghalloffamecollection.com

Die Saison verlief ähnlich wie die vorangegangene: Häkkinen holte in fast jedem Rennen Punkte und stand vier Mal auf dem Podium, Coulthard stand zwei Mal auf dem Podium und holte in vier weiteren Rennen Punkte. Der Finne wurde Fünfter, der Brite Siebter, und zusammen holten sie 49 Punkte und brachten McLaren in dieselbe Position wie im Vorjahr, nämlich auf Platz vier hinter den Hauptakteuren der Szene: den übermächtigen Williams, Ferrari und Benetton-Renault.

McLaren, ein weiteres Jahr lang ohne Sieg.

58

1997 wurde die Zusammenarbeit mit Marlboro nach 23 Jahren beendet und das Team wurde in West McLaren Mercedes umbenannt und erhielt eine schwarz-silberne Lackierung, um den neuen Sponsor widerzuspiegeln.

Der MP4/12 war zwar eine Weiterentwicklung seines Vorgängers, verfügte aber über ein innovatives zweites Bremspedal, das nur auf eines der Hinterräder einwirkte und so das Untersteuern teilweise beseitigte.

---

58 Oneimagef1.wordpress.com

Die FO110E 3.0 V10-Motoren von Mercedes waren vielversprechend: Coulthard gewann das erste Rennen in Australien, Häkkinen stand ebenfalls auf dem Podium und brachte McLaren in einem Grand Prix zurück an die Spitze.

Dem Finnen gelang es, in den nächsten drei Rennen in die Punkte zu fahren, aber Coulthard begann unter dem Hauptproblem der Saison zu leiden, das die Entwicklung des Teams bremste: die Zuverlässigkeit des Motors. Der FO110E wurde im Laufe des Jahres durch eine verbesserte Version, den F0110F, ersetzt, aber die Zuverlässigkeitsprobleme wurden nicht gelöst.

Dennoch gelang es sowohl Coulthard als auch Häkkinen, je ein weiteres Rennen zu gewinnen, und der Brite wurde in zwei weiteren Rennen Zweiter, was ihm den dritten Platz in der Weltmeisterschaft einbrachte, drei Plätze vor seinem finnischen Teamkollegen.

Trotz dieser neuen Erfolge wurde McLaren erneut Vierter in der Konstrukteurswertung, was vor allem auf die zahlreichen Ausfälle

---

zurückzuführen ist. Aber immerhin lag er nur 4 Punkte hinter Benetton, und das mit einer neuen Kraft, die, wenn sie kontrolliert werden könnte, der Beginn eines neuen Aufschwungs sein könnte.

Im Jahr 1998 ließ McLaren den MP4/13 von Adrian Newey entwerfen. Der Ingenieur hatte Bobby Rahal in den Jahren 1986 und 1987 zum IndyCar-Erfolg verholfen. In Europa hatte er für das March-Team gearbeitet, wo er aufgrund seines Engagements für die Aerodynamik in einer Zeit, in der dies keine Priorität war, zum technischen Direktor aufstieg. Trotz der Fortschritte, die das Team machte, wurde Newey 1990 entlassen, hatte aber keine Probleme, eine neue Stelle bei einem neuen Team zu finden und wechselte zu Williams.

Mit mehr Ressourcen und Ausrüstung war Newey in der Lage, seine Talente bei Williams einzusetzen und dem Team zu helfen, das dominierende Team in der Formel 1 zu werden. 1998 hoffte McLaren, dass er mit dem Team aus Woking dasselbe erreichen könnte.

[60]

---

[60] Safety-car.co.uk

Newey war bereits am Ende der vergangenen Saison an der Entwicklung des Autos beteiligt gewesen, so dass sein Einfluss auf das Auto durch die Leitung des Designs dieses Mal größer war und ein Qualitätssprung erwartet wurde.

Der MP4/13 war ein fast völlig neues Auto, das sich an das neue Reglement anpasste, das schlankere Autos und die Verwendung von Rillenrädern vorsah.

61

Neweys Einfluss machte sich schnell bemerkbar, und McLaren erzielte beim ersten Rennen in Australien einen Doppelsieg, wobei Häkkinen das Rennen gewann, ein Ergebnis, das sich in Brasilien wiederholte.

Schumacher versuchte, den Vormarsch von McLaren zu stoppen, und die Saison entwickelte sich zu einem ausgeglichenen Kampf zwischen dem Deutschen von Ferrari und Häkkinen.

---

61 Karpixel.net

Häkkinen holte im Laufe des Jahres acht Siege, während Schumacher sechs Rennen gewann. Am Ende der Saison lagen die beiden gleichauf, doch Häkkinens zwei Siege in den letzten Rennen in Luxemburg und Japan machten den Finnen zum Weltmeister.

62

Obwohl Coulthard nur einen Sieg erringen konnte und hinter Schumacher Dritter wurde, erzielte er acht Podiumsplätze, die McLaren auch zum Gewinn der Konstrukteursmeisterschaft und damit zum achten Weltmeistertitel in der Geschichte des Unternehmens verhalfen.

Für 1999 verbesserte Newey die Aerodynamik des MP4/14 weiter, und der Mercedes-Motor wurde als der leistungsstärkste in der Startaufstellung bestätigt, was McLaren die Hoffnung auf eine neue Ära der Renndominanz gab, obwohl die Verwendung des unabhängigen Bremssystems untersagt war.

---

62 Thelastcorner.it

Die Saison verlief ähnlich wie die vorangegangene. Häkkinen fuhr mit dem besten Auto in der Startaufstellung weiterhin häufig Siege ein, hatte aber mit einem Ferrari zu kämpfen, der in diesem Jahr nicht der von Michael Schumacher sein würde, der in Großbritannien einen schweren Unfall erlitt, der ihn sechs Rennen lang außer Gefecht setzte.

Sein Hauptkonkurrent war Eddie Irvine. Die beiden teilten sich das ganze Jahr über die Siege, und der Brite ging sogar mit einem Vorsprung in das letzte Rennen in Japan. Im letzten Rennen gelang Häkkinen jedoch ein entscheidender Sieg, der zusammen mit Irvines drittem Platz ausreichte, um seinen zweiten Titel in Folge mit nur 2 Punkten Vorsprung vor Eddie zu erringen.

63

Dieses Mal reichten der vierte Platz und Coulthards 48 Punkte jedoch nicht aus, um den Konstrukteurstitel zu behalten. Obwohl dem Briten

[63] Automundo.com.ar

diesmal zwei Siege gelangen, reichte es nicht aus, um Ferrari den Konstrukteurstitel zu entreißen.

Im Jahr 2000 lebte der Kampf zwischen McLaren und Ferrari wieder auf, der vor allem durch das Duell zwischen Häkkinen und Schumacher verkörpert wurde.

Der Deutsche, der sich von seinen Verletzungen erholt hatte, kehrte stärker denn je zurück und ließ in einer brillanten Saison kaum eine Möglichkeit aus, 9 Rennen im Laufe des Jahres zu gewinnen. Häkkinen hingegen konnte nur 4 Siege verbuchen und musste sich mit dem zweiten Platz zufrieden geben.

Obwohl Coulthard Dritter in der Weltmeisterschaft wurde, war die Überlegenheit Schumachers so groß, dass Ferrari zusammen mit Barrichellos viertem Platz die Konstrukteursmeisterschaft behalten konnte. Darüber hinaus wurden McLaren 10 Punkte abgezogen, weil sie in Österreich keinen der von der FIA vorgeschriebenen Stempel vorweisen konnten.

64

[64] F1-fansite.com

Im Jahr 2001 waren die Mercedes-Motoren weniger leistungsstark als die von Williams verwendeten BMW-Motoren, die aerodynamischen Mittel waren im MP4/16 weniger effektiv und die Fahrerassistenzsysteme wurden nicht erfolgreich eingesetzt.

Dies machte es Häkkinen schwer, seine Leistung aufrechtzuerhalten. Er holte seinen ersten Sieg nach 11 Rennen und konnte im gesamten Jahr nur zwei Siege verbuchen.

Coulthard hingegen rückte vor und ersetzte den Finnen. Obwohl er auch zwei Siege errang, stand er viel öfter auf dem Podium, und zwar mit einer Konstanz, die es ihm ermöglichte, Vizemeister in der Fahrerwertung zu werden, obwohl er nur etwas mehr als die Hälfte der Punkte von Schumacher erzielte, der immer noch die Formel 1 beherrschte.

65

---

[65] Maxf1.net

Häkkinen beendete die Formel 1 nach einem bemerkenswerten Leistungsabfall als Fünfter und beendete damit seine langjährige Partnerschaft mit Coulthard im McLaren-Team.

In der Konstrukteurswertung belegte McLaren erneut den zweiten Platz, doch anstatt den Rückstand auf den dominierenden Ferrari aufzuholen, sah man sich einem gefährlichen BMW-Williams gegenüber, der sich deutlich verbesserte.

Im Jahr 2002 wurde Häkkinen durch einen anderen Finnen, Kimi Räikkönen, ersetzt, der in der vorangegangenen Saison im Sauber-Team debütiert hatte, 9 Punkte holte und trotz seines jungen Alters großes Talent bewies.

Die Leistung des MP4/17 entsprach nicht den Erwartungen, aber sowohl Coulthard als auch Räikkönen erzielten fünf bzw. vier

---

[66] Wykop.pl

Podiumsplätze und belegten damit die Plätze fünf und sechs in der Fahrerwertung.

67

Während der gesamten Saison wurden jedoch keine Siege errungen, und während Ferrari unter Schumacher weiterhin dominierte, überholte Williams auch McLaren in der Konstrukteurswertung und verwies das Team auf den dritten Platz.

Im Jahr 2003 war eine Weiterentwicklung des MP4/17 sehr vielversprechend: Coulthard gewann das erste Rennen, Räikkönen das zweite.

Doch Schumacher setzte sein unermessliches Talent weiter durch und holte in San Marino, Spanien und Österreich drei Siege in Folge, um die Dominanz von Ferrari weiter zu festigen.

Kimi gewann zwar nicht erneut, stand aber wiederholt auf dem Podium, drängte Schumacher bis zum Schluss und wurde Zweiter in der Meisterschaft, nur zwei Punkte hinter dem Deutschen, der damit seine sechste Weltmeisterschaft gewann.

68

Trotz Räikkönens Widerstand hatte Coulthard keine großartige Saison. Nach seinem Auftaktsieg in Australien gelang ihm nur noch ein weiterer Podiumsplatz beim letzten Rennen in Japan.

Dadurch konnte Williams seinen Vorsprung auf nur zwei Punkte ausbauen, und trotz des anfänglichen Optimismus fiel McLaren in der Konstrukteurswertung auf den dritten Platz zurück.

Im Jahr 2004 wurde der MP4/19 sofort eingesetzt, nachdem der enttäuschende MP4/18 die Crashtests nicht bestanden hatte. Bei diesem neuen Auto handelte es sich um eine überarbeitete Version des MP4/18, die den neuen Vorschriften zum Verbot von Launch Control und vollautomatischen Gängen entsprach.

In Spanien wurde er durch einen MP4/19B ersetzt, der über ein völlig anderes Aerodynamikpaket verfügte.

---

68 Scuderiafans.de

69

Das Auto erwies sich als nicht konkurrenzfähig, Räikkönen schied in den ersten drei Rennen aus und Coulthard kämpfte um Punkte.

Diese Dynamik setzte sich in der ersten Hälfte der Meisterschaft fort. Mit der Einführung des MP4/19B verbesserten sich die Ergebnisse leicht, und Kimi konnte in Belgien sogar den einzigen Saisonsieg für das Team einfahren.

Dieser Leistungsabfall machte es jedoch unmöglich, mit Ferrari und Williams mitzuhalten, und er fiel auch hinter BAR-Honda und Renault zurück. McLaren wurde Fünfter in der Konstrukteurswertung, sein schlechtestes Ergebnis seit 1983.

Nach den jüngsten Misserfolgen wurde das Chassis des MP4/20 komplett überarbeitet. Der Diffusor war kleiner, der Frontflügel

---

69 Neumaticointermedio.com

höher und der Heckflügel weiter vorne positioniert, ebenso wie die markanten kleinen Flügel an der Karosserie.

70

Coulthard verließ das Team nach 9 Jahren und wurde durch den Kolumbianer Juan Pablo Montoya ersetzt. Montoya war 1999 IndyCar-Champion geworden und fuhr zwischen 2001 und 2004 für Williams, wo er zweimal Dritter der Meisterschaft wurde. Verletzt musste er im dritten Rennen durch den Spanier Pedro de la Rosa und im vierten Rennen durch den Österreicher Alexander Wurz ersetzt werden, konnte aber den Rest der Saison zu Ende fahren.

70 Snaplap.net

71

Obwohl die Saison schlecht begann und McLaren um Punkte kämpfte, wendete sich das Blatt ab Spanien dramatisch, als Räikkönen begann, regelmäßig Rennen zu gewinnen.

Fernando Alonso, der mit sechs Siegen in 11 Rennen einen unerwartet beeindruckenden Saisonstart hingelegt hatte, kämpfte derweil damit, wieder in die Erfolgsspur zurückzukehren.

Der Aufwärtstrend von Kimi und die Stagnation von Fernando bedeuteten, dass beide um die Fahrermeisterschaft kämpften. McLaren war wieder im Rennen um den Weltmeistertitel. Der McLaren erwies sich jedoch als weniger zuverlässig und kostete den Finnen in Rennen, in denen er in Führung lag, das Ausscheiden, und schließlich war er aufgrund von Problemen beim Aufwärmen der Reifen, die das Qualifying beeinträchtigten, nicht in der Lage, den Spanier zu überholen.

Montoya, der zwei Rennen verpasste, belegte mit drei Siegen den vierten Platz in der Gesamtwertung, hatte aber nur zwei Punkte

---

71 F1-fansite.com

mehr als Alonsos Renault-Teamkollege Fisichella, so dass der Konstrukteurstitel an das französische Team ging.

Zumindest fühlte sich McLaren in der Lage, wieder um eine Meisterschaft zu kämpfen.

Zu diesem Zweck wurde 2006 der von den Emiraten gesponserte MP4-21 für das Team entwickelt, das daraufhin in Team McLaren Mercedes umbenannt wurde. Ziel war es, eine höhere Zuverlässigkeit zu erreichen, die Kimi in der vergangenen Saison zum Titel verholfen hätte... aber im Gegenzug litt die Leistung.

Dies verhinderte zwar Siege in einer Meisterschaft, die vom Kampf zwischen Fernando Alonso und Michael Schumacher beherrscht wurde, aber immerhin konnten die McLarens mit Leichtigkeit Punkte sammeln und einige Podiumsplatzierungen erreichen.

In der Zwischenzeit wurde die Beziehung zwischen den beiden Fahrern immer angespannter, und in den Vereinigten Staaten

72 Thebestf1.co.uk

kollidierten die beiden McLarens miteinander, was schließlich zu Montoyas Entscheidung führte, das Team zu verlassen und zur NASCAR zu wechseln.

In den letzten acht Rennen wurde Montoya durch den Spanier Pedro de la Rosa ersetzt, der bereits 2005 in einem Rennen für McLaren gefahren war und nach zwei Jahren bei Arrows zuvor zwei Saisons bei Jaguar verbracht hatte. In acht Einsätzen für McLaren in diesem Jahr erzielte er einen Podiumsplatz und vier Punkteränge.

73

Räikkönen wurde Fünfter in einer Saison, in der kein einziges Rennen gewonnen wurde, was seit zehn Jahren nicht mehr vorgekommen war. Da er keine Chance auf einen Sieg hatte, unterschrieb der Finne für die folgende Saison bei Ferrari.

McLaren landete auf dem dritten Platz, weit hinter Renault und Ferrari, ein Rückschritt, der anscheinend durch interne Instabilität

73 Thebestf1.co.uk

verursacht wurde, da Adrian Newey häufig daran dachte, das Team zu verlassen.

McLaren musste ein neues Gleichgewicht finden, wenn es an der Spitze der Formel 1 bleiben wollte.

Hamiltons Ankunft und Spygate

2007 erneuerte McLaren seinen Fahrerkader und verpflichtete Fernando Alonso. Damit sicherte sich McLaren die Dienste des zweifachen Weltmeisters und besten Fahrers der Gegenwart.

Der Spanier hatte 2001 sein Debüt bei Minardi gegeben, bevor er sechs Jahre bei Renault verbrachte (die ersten als Testfahrer), wo er in den letzten beiden Jahren den Weltmeistertitel gewann und das französische Team zu seiner ersten Konstrukteursmeisterschaft überhaupt führte.

Der zweite Fahrer des Teams war Rookie Lewis Hamilton, der gerade die GP2-Serie gewonnen hatte. Ron Dennis hatte ihn bei einer Kart-Veranstaltung kennen gelernt, als Lewis gerade 10 Jahre alt war, und schon als kleiner Junge sprach Hamilton ihn an und fragte, ob er ihm seine Telefonnummer geben könne.

Seitdem war Ron Dennis aufmerksam und förderte seine Fortschritte bis zu seiner Ankunft in der Formel 1, wo er in seinem ersten Rennjahr einen Platz im Team erhielt.

McLaren verfügte also über ein Team, das sich aus einem erfahrenen zweifachen Champion und einem aufstrebenden Talent zusammensetzte, das sich schon bald als eher vorhandenes Talent herausstellte.

Der MP4-22 wurde ohne Adrian Newey von einem Team aus Neil Oatley, Paddy Lowe, Mike Coughlan, Pat Fry und Simon Lacey entwickelt. Er enthielt neuartige aerodynamische Elemente, wie zum Beispiel ein Karbonfaserdach, das sich über die Nase wölbt.

74

Der neue McLaren erwies sich als sehr konkurrenzfähig und nahm seine alte Rivalität mit Ferrari wieder auf. Die Ferrari-Piloten Räikkönen und Felipe Massa gewannen drei der ersten fünf Rennen, Alonso triumphierte in den beiden anderen.

---

74 Thebestf1.co.uk

In der Zwischenzeit stand Hamilton in all diesen Rennen auf dem Podium, zeigte sein Potenzial und legte sein Rookie-Etikett ab, indem er die Rennen in Kanada und den USA gewann und in den Meisterschaftskampf eingriff.

Die Siege wurden weiterhin unter den vier Protagonisten aufgeteilt (kein anderer Fahrer gewann in dieser Saison ein Rennen), aber neben Ferrari fand McLaren einen neuen Feind innerhalb seiner eigenen Struktur. Das Verhältnis der beiden Fahrer zueinander wurde immer angespannter.

In Ungarn warf die FIA Alonso vor, seinen Teamkollegen im Qualifying absichtlich benachteiligt zu haben, wofür das Team in diesem Rennen mit einer Punktabzug bestraft wurde. Die beiden Fahrer konnten sich auch nicht darauf einigen, im Laufe der Saison abwechselnd eine zusätzliche Runde im Qualifying zu fahren und im Samstagstraining die gleichen Chancen zu haben.

Da die Meisterschaft bis zum letzten Rennen in Brasilien ausgeglichen war (Kimi hatte fünf Rennen gewonnen, Lewis vier und Fernando vier), hatten bis zu drei Fahrer die Chance, im letzten Rennen Meister zu werden.

Hamilton war mit vier Punkten Vorsprung auf Alonso und sieben Punkten Vorsprung auf Räikkönen ins Rennen gegangen, doch Getriebeprobleme sorgten dafür, dass er nur Siebter wurde.

Der Finne war jedoch der Schnellste und gewann das Rennen, während sein Teamkollege Massa Zweiter wurde. Alonso wurde Dritter und entglitt McLaren die Fahrerwertung.

75

Insgesamt haben Hamilton und Alonso jedoch mehr Punkte geholt als Kimi und Massa, so dass es immer noch den Trost der Konstrukteursmeisterschaft gab... bis zum Ausbruch von *Spygate*: Das McLaren-Team wurde beschuldigt, das Ferrari-Team absichtlich auszuspionieren und zu kopieren.

Die FIA entschied, dass McLaren im Besitz von technischen Dokumenten war, die von Ferrari patentiert worden waren, und sich diese zu Nutze gemacht hatte. Deshalb wurde das Team disqualifiziert und auf den letzten Platz verwiesen, außerdem wurde es mit einer Geldstrafe von 100 Millionen Euro belegt.

In der Saison 2008 machte sich Alonsos Unzufriedenheit mit seinem Wechsel zu Renault bemerkbar, nachdem er das Gefühl hatte, dass McLaren Hamilton bevorzugt behandelte. Er wurde durch den Finnen Heikki Kovalainen ersetzt, der 2007 sein Formel-1-Debüt für das Renault-Team gegeben hatte und dabei einen Podiumsplatz und den siebten Platz erreichte.

---

75 Faz.net

Der MP4-23 wurde unter strenger Aufsicht der FIA entwickelt, damit keine Informationen aus den gestohlenen Unterlagen von Ferrari verwendet wurden. In diesem Jahr wurde die Traktionskontrolle verboten. Der Radstand wurde vergrößert. Die "Haifischflosse" wurde als aerodynamisches Element eingebaut, erwies sich jedoch als unwirksam und wurde schließlich zurückgezogen. Ab dem Großen Preis von Ungarn wurden die "Dumbo-Flügel" an der Nase angebracht.

Obwohl der McLaren aufgrund von *Spygate* zwangsweise umgestaltet werden musste, erwies sich das neue Auto als ebenso konkurrenzfähig, und Hamilton gewann das erste Rennen in Australien. Die nächsten vier Rennen gingen an die Ferraris, mit zwei Siegen von Massa und zwei von Kimi, aber Lewis kehrte in Monaco auf die Siegerstraße zurück.

Der Kampf zwischen McLaren und Ferrari wiederholte sich während der gesamten Saison, auch wenn er sich auf Hamilton und Massa beschränkte, die um die Fahrermeisterschaft kämpften.

---

76 F1history.fandom.com

Beim letzten Rennen in Brasilien hatte Hamilton einen Vorsprung von sieben Punkten auf Massa. Der Brasilianer erledigte seine Aufgabe und führte das Rennen an, so dass Hamilton Fünfter werden musste, wenn er seine erste Weltmeisterschaft gewinnen wollte.

Vor der letzten Runde lag Lewis auf dem sechsten Platz, doch mit einem Überholmanöver in der letzten Kurve und inmitten des Getümmels sicherte er sich auf dramatische Weise den fünften Platz, den er brauchte, um Weltmeister zu werden.

---

[77] Deporteyocio.es

78

Heikki Kovalainen wurde trotz seines Sieges in Ungarn und zweier weiterer Podiumsplätze Siebter in der Gesamtwertung, weit hinter Räikkönen, der Dritter wurde, so dass die Konstrukteursmeisterschaft an Ferrari ging.

Im Jahr 2009 trat Ron Dennis von seinem Amt als Geschäftsführer zurück, und Martin Whitmarsh übernahm diese Aufgabe. Hamilton und Kovalainen wurden für den MP4-24 verpflichtet, der sich bei den Vorsaisontests als das schlechteste Auto erwies und auf den letzten Plätzen der Zeitenliste landete.

---

78 Maxf1.net

79

Die schlechten Prognosen für den MP4-24 bestätigten sich, denn McLaren konnte in der ersten Saisonhälfte keinen einzigen Podiumsplatz einfahren.

Ab Malaysia baute das Team den umstrittenen Doppeldiffusor ein, der das Auto des neuen Brawn GP-Teams unschlagbar gemacht hatte.

Die Teams hatten sich beschwert, dass es gegen das Reglement verstößt, aber die FIA erklärte es schließlich für legal, und alle Teams bauten es nach und nach ein, obwohl es zu spät war, um gegen ein Brawn anzutreten, das in den ersten Rennen bereits viele Punkte gesammelt hatte.

Zusammen mit dem Doppeldiffusor und anderen aerodynamischen Verbesserungen verbesserte sich McLaren in der zweiten Hälfte der Meisterschaft, wobei Hamilton mit zwei Siegen und drei Podiumsplätzen auf den fünften Platz in der Fahrerwertung kletterte.

79 Autoviva.de

Dank der Verbesserungen konnte Kovalainen häufiger in die Punkte fahren, schaffte es aber das ganze Jahr über nicht einmal auf das Podium, sondern landete auf Platz 12.

Trotz der schlechten Leistung des Autos gelang es McLaren, einen Punkt Vorsprung auf Ferrari herauszufahren und den dritten Platz in der Konstrukteurswertung zu belegen, wenn auch mit nur halb so vielen Punkten wie Red Bull und weit hinter dem umstrittenen Brawn.

Die Trennung von McLaren und Mercedes

Seit 2010 ist McLaren nicht mehr das offizielle Mercedes-Team. Nachdem die deutsche Marke das Team Brawn GP gekauft hatte, gründete sie ihr eigenes Team, so dass McLaren, das bereits in der vorangegangenen Saison von Mercedes angetrieben wurde, nur noch ein weiterer Kunde war, und die starke und erfolgreiche Partnerschaft zwischen den beiden wurde eingeschränkt und die Beziehung begann zu zerbrechen, als Mercedes einen Teil seiner Anteile an McLaren verkaufte.

Als Ersatz für Heikki Kovalainen, der zu Lotus wechselte, verpflichtete McLaren den britischen Fahrer Jenson Button. Button hatte sein Debüt im Jahr 2000 bei BMW Williams gegeben, von wo aus er zwei Saisons lang für Renault fuhr. Danach hatte er eine lange Zusammenarbeit mit Honda, wo er 2006 seinen ersten Sieg und 2004 mit dem dritten Platz seine bisher beste Platzierung in der Formel-1-Weltmeisterschaft erzielte.

Sein Wechsel zu Brawn im Jahr 2009 ermöglichte es ihm, eine Weltmeisterschaft zu gewinnen, die von der Kontroverse um die Nachlässigkeit bei der Regulierung überschattet war, und bei McLaren hatte er die Chance, seine großen Qualitäten weiter unter Beweis zu stellen.

Das Design des MP4-25 war nicht unumstritten: Ein Lufteinlass vor dem Fahrer lenkte den Wind in den Heckflügel, wodurch sich dieser unter dem Luftdruck bewegte und so eine aerodynamische Verbesserung erfuhr.

Dieses bewegliche Heckflügelsystem wurde von der FIA inspiziert und für völlig legal befunden.

Hamilton stand beim ersten Rennen der Saison in Bahrain auf dem Podium, und Button gewann das zweite Rennen in Australien, was die Leistung des Autos optimistisch stimmt.

Mit drei Siegen von Hamilton und einem weiteren Sieg von Button ging es immer weiter nach oben, und auch das Podium wurde immer öfter erreicht. In der Meisterschaft setzte sich jedoch ein Rivale ab, Red Bull, der mit 9 Saisonsiegen von Webber und Vettel uneinholbar schien.

Alonso, der mit Ferrari fünf Siege einfuhr, lag auch vor den McLaren-Fahrern.

Die 454 Punkte des McLaren-Teams, obwohl 44 weniger als Red Bull, reichten aus, um sich den zweiten Platz in der Konstrukteurswertung zu sichern, die Ungewissheit des Vorjahres zu beenden und McLaren wieder an die Spitze der Tabelle zu bringen.

2011 blieben Hamilton und Button die Spitzenfahrer des Teams, in der Hoffnung, das Quäntchen mehr an Leistung zu bekommen, das es ihnen ermöglichen würde, Red Bull zu überholen. Zu diesem Zweck erhielt der MP4-26 neue, hohe L-förmige Pontons, um mehr Luft in den Heckflügel zu leiten, der zudem schmaler war, um die

Strömung zum Einzel-Heckdiffusor zu leiten, nachdem die Verwendung des Doppeldiffusors verboten worden war.

80

Obwohl das Ziel darin bestand, Red Bull einzuholen, erwies sich das Energy-Drink-Team als noch schwieriger als in der vorangegangenen Saison, und in den Händen eines talentierten Vettel, der insgesamt 11 Siege einfuhr, war es unmöglich, um den Fahrertitel zu kämpfen.

Immerhin gelang es Button, den persönlichen Kampf gegen Mark Webbers Red Bull zu gewinnen, und mit drei Siegen und neun Podiumsplätzen wurde der Brite Vizeweltmeister in der Fahrerwertung.

Hamilton holte zwar ebenfalls drei Siege, belegte aber in der Fahrerwertung den fünften Platz, vor allem weil er durch

---

Zwischenfälle auf der Strecke mit anderen Fahrern, insbesondere Felipe Massa, Punkte verlor.

Die Überlegenheit von Red Bull bedeutete, dass McLaren 153 Punkte hinter dem Meisterteam lag und sich wieder einmal mit dem ersten Platz begnügen musste.

Im Jahr 2012 war das Design der Autos durch eine "Entennase" gekennzeichnet, aber McLaren war eines von drei Teams, die auf diese charakteristische Form verzichteten und sich stattdessen für eine allmählich ansteigende Nase entschieden.

Damit hat es sich von Red Bull abgegrenzt, in der Hoffnung, seinen Hauptkonkurrenten endlich übertreffen zu können.

Button gewann das erste Rennen der Saison, Hamilton wurde Dritter, was das Team optimistisch werden ließ, Red Bull zu überholen.

---

[81] Pinterest.com

Der zweite Sieg kam im siebten Rennen, in Kanada, diesmal durch Hamilton. Die Siegquote wurde durch Alonso auch auf Ferrari ausgedehnt, und Räikkönen, obwohl er nicht gewann, blieb dank seiner Konstanz mit einem überraschenden Lotus ebenfalls an der Spitze.

Damit war die Meisterschaft wieder ausgeglichen... bis Red Bull im Laufe des Jahres eine großartige Entwicklung seines Autos zeigte, um wieder wie zuvor zu dominieren, wobei Vettel vier Rennen in Folge in Singapur, Japan, Korea und Indien gewann.

Trotzdem musste sich Vettel einen engen Kampf mit Alonso um einen weiteren Titel liefern, während die McLarens trotz weiterer Siege von Hamilton beim vorletzten Rennen in den USA und von Button beim letzten Rennen in Brasilien (womit Red Bull mit sieben Siegen gleichzog) nicht mehr in Frage kamen.

So konnte er nicht nur nicht mit Red Bull mithalten, sondern fiel auch hinter Ferrari zurück und wurde Dritter in der Konstrukteurswertung.

Im Jahr 2013 verließ Lewis Hamilton McLaren und wechselte zu Mercedes - eine sehr kluge persönliche Entscheidung, die ihn zu sechs Weltmeistertiteln führen sollte.

Der Brite wurde durch den Mexikaner Sergio Pérez ersetzt. Checo" fuhr zwei Saisons in der Formel 1 für das Sauber-Team. In seinem zweiten Jahr erreichte er drei Podiumsplätze und wurde Zehnter in der Endwertung der Fahrerwertung.

Der MP4-28, der sich im sechsten Jahr der Partnerschaft mit Vodafone befindet, unterscheidet sich deutlich vom Vorgängermodell, dessen Entwicklung eingestellt wurde. Die Aufhängungen waren völlig anders, mit einer gabelförmigen Hinterradaufhängung, die die Reifenanordnung je nach Geschwindigkeit verändern konnte, um den Verschleiß zu verringern. Die Pontons wurden geändert, um die Luftzirkulation zu verbessern, und die Frontpartie wurde im Vergleich zum Vorjahresdesign deutlich angehoben. Obwohl das Auto äußerlich dem Auto von 2012 sehr ähnlich war, gab es im Inneren viele Veränderungen.

---

[82] Carburando.de
[83] Karpixel.net

Damit hoffte McLaren, seinen Abwärtstrend zu beenden und wieder um Meisterschaften kämpfen zu können. Doch die Realität sah ganz anders aus.

Zu Beginn der Saison kämpften beide McLarens um Punkte, waren aber immer weit vom Podium entfernt.

Tatsächlich wurde kein einziger Podiumsplatz erreicht, was seit 1980 nicht mehr vorgekommen war, was als dramatische und völlig erfolglose Saison angesehen wurde. Das beste McLaren-Ergebnis war der vierte Platz von Jenson Button in Brasilien.

Mit insgesamt 73 Punkten belegte der Brite in der Endabrechnung den neunten Platz, während Perez mit 49 Zählern Elfter wurde. McLaren ist in der Konstrukteurswertung auf einen enttäuschenden fünften Platz zurückgefallen.

Nach dem Desaster von 2013 kehrte Ron Dennis ins Teammanagement zurück. Checo Pérez wurde durch Kevin Magnussen als Partner von Button ersetzt. Der Däne gab sein Formel-1-Debüt, nachdem er die Formel Renault 3.5 Series gewonnen hatte.

84

[84] Autobild.co.uk

Der MP4-29 brachte den Turbomotor zurück, der 1988 eingestellt worden war und mit dem Prost und Senna in den glorreichen McLaren-Jahren triumphiert hatten, die nun in weiter Ferne zu liegen schienen.

Magnussen feierte sein Debüt in Australien mit einem zweiten Platz, gefolgt von Button auf dem dritten Platz auf dem Podium. Da beide McLarens auf dem Podium standen (dank der Disqualifikation von Ricciardo), konnte man optimistisch in die Zukunft blicken.

Dies erwies sich jedoch als trügerische Hoffnung, da das Team in der gesamten Saison keinen weiteren Podiumsplatz erringen konnte, obwohl es in fast jedem Rennen in die Punkte fuhr, wobei Button regelmäßig einige Plätze vor Magnussen landete.

Jenson Button belegte mit 126 Punkten den achten und Magnussen mit 55 Punkten den elften Platz, womit das McLaren-Team in einem Jahr, in dem die schlechte Leistung der letzten Saison nicht wesentlich verbessert werden konnte, wieder auf dem fünften Platz landete, aber zumindest als Rettungsschirm diente, um eine Fortsetzung des Abwärtstrends zu verhindern.

[85] Revistadelmotor.es

Die McLaren-Honda-Ära

Für die Saison 2015 endete die Partnerschaft zwischen McLaren und Mercedes. Das britische Team erwarb 40 % der Anteile, die noch von der deutschen Marke gehalten wurden.

Honda wurde zum Motorenlieferanten für einen McLaren, der auf Silber verzichtete, um das Auto schwarz zu lackieren, in der Hoffnung, dass die Zukunft der neuen Partnerschaft nicht so dunkel sein würde.

Kevin Magnussen wurde zum Testfahrer degradiert, nachdem Fernando Alonso nach zwei Jahren bei Renault und fünf Jahren bei Ferrari, wo er dreimal Vizemeister wurde, zum Team aus Woking zurückkehrte.

86

Aufgrund einer Gehirnerschütterung konnte Alonso jedoch nicht am ersten Rennen der Saison teilnehmen und wurde durch Magnussen ersetzt.

Der Honda-Motor RA615H trieb den MP4-30 an, nachdem zwanzig Jahre lang Mercedes-Motoren verwendet worden waren. Das Auto zeichnete sich durch ein verjüngtes Heck aus, das es dem Honda-Motor ermöglichte, bei höheren Temperaturen zu laufen als die anderen Autos.

Diese neue Partnerschaft mit Honda begann jedoch nicht wie erwartet. Es dauerte sechs Rennen, bis er in die Punkteränge fuhr, wobei Button in Monaco den achten Platz belegte. Der Brite konnte nur in drei weiteren Rennen punkten und kam am Ende des Jahres auf 16 Zähler. Alonso holte zwischen Großbritannien und Ungarn nur 11 Punkte, wobei letzteres Rennen sein fünftes und McLarens bestes Ergebnis der Saison war.

---

86 Autobild.co.uk

McLaren belegte den vorletzten Platz in der Konstrukteurswertung, knapp vor Marussia, in einem schrecklichen Jahr, das den Niedergang eines historischen Teams bedeutete.

87

2016 verbesserte der MP4-31 seine Testergebnisse, was vor allem auf die Entwicklung des Honda-Motors zurückzuführen war, der für die schlechte Leistung in der vergangenen Saison verantwortlich gemacht worden war.

Button und Alonso fuhren als erste Fahrer weiter, obwohl der Spanier im ersten Rennen in Australien einen schweren Unfall erlitt, der mehrere gebrochene Rippen und Lungenschäden zur Folge hatte.

87 Autosport.de

Dies führte dazu, dass er in Bahrain durch Ersatzfahrer Stoffel Vandoorne ersetzt wurde, der ein erfolgreiches Debüt feierte, indem er den zehnten Platz belegte und die ersten Punkte für das Team holte.

Für den Rest des Jahres war es eine konforme Saison, in der wir wieder häufig in die Punkteränge kamen, was eine leichte Verbesserung gegenüber der vorherigen Saison darstellte. Alonso holte 54 Punkte und wurde Zehnter, Button kam mit 21 Punkten auf Platz 15. McLarens beste Platzierung in dieser Saison war Alonsos fünfter Platz in Monaco und den Vereinigten Staaten, ein weiteres Jahr weg vom Podium, aber zumindest eine Verbesserung gegenüber der schrecklichen letzten Saison, in der er auf den sechsten Platz in der Konstrukteurswertung vorrückte.

2017 vertraute McLaren weiterhin auf Honda und hoffte, dass sich der Motor genauso weiterentwickeln würde wie in der vergangenen Saison, damit man in dieser Saison zumindest um Podiumsplätze kämpfen konnte. Bei der Entwicklung des RA617H-Motors wurde das

---

Token-Entwicklungssystem abgeschafft, so dass Honda mehr Freiheit bei der Entwicklung seines Motors erhielt.

Button verließ das Team nach acht Jahren bei McLaren, obwohl er zurückkehrte, um Fernando Alonso in Monaco zu ersetzen, da der Spanier an den Indianapolis 500 teilnahm.

Der zweite Fahrer von McLaren in dieser Saison war der Belgier Stoffel Vandoorne, der das Team überzeugt hatte, nachdem er in der vergangenen Saison Fernando ersetzt hatte und bei seinem Debüt in die Punkte fuhr.

89

Der Saisonstart warf ein Schlaglicht auf die Zuverlässigkeit des Honda-Motors: Alonso schied in den ersten beiden Rennen aus, und die Ausfälle wiederholten sich im Laufe des Jahres mit Doppelausfällen in China, Monaco und Italien.

---

89 Fast-mag.com

In den Rennen, die sie beenden konnten, waren sie auch nicht sehr konkurrenzfähig und belegten zwischen dem achten und zehnten Platz, um ein paar Trostpunkte zu sammeln.

Alonso belegte mit 17 Punkten den 15. und Vandoorne mit 13 Punkten den 16. Platz. Damit liegt McLaren in der Konstrukteurswertung wieder auf dem vorletzten Platz, knapp vor Sauber.

Dieser erneute Misserfolg führte zu einem Vertrauensverlust in den Honda-Motor und beendete die Partnerschaft mit dem japanischen Motorenhersteller.

Die Ära McLaren-Renault

Nachdem McLaren die Ära der Honda-Partnerschaft als katastrophale Phase in seiner Geschichte abgehakt hatte, unterzeichnete es für 2018 einen Vertrag mit Renault als Motorenlieferant für drei Jahre. Für diese neue Phase wurde wieder die alte Papayafarbe als Hauptfarbe des Fahrzeugs gewählt.

Vandoorne und Alonso waren erneut im Fahreraufgebot für den MCL33, der von Anfang an Entwicklungsprobleme hatte. Tim Goss hatte als technischer Direktor die Aufgabe, ein Chassis für den neuen Motor zu entwickeln. Die Position des Turbos stand im Konflikt mit dem Getriebe, so dass dessen Anordnung geändert werden musste, ebenso wie der Motorraum selbst und die hintere Aufhängung.

Die Einführung des Halo bedeutete auch, dass das Fahrgestell erheblich modifiziert werden musste, so dass der MCL33 ein fast vollständig neu aufgebautes Auto war.

Alonso belegte im ersten Rennen in Australien einen ermutigenden fünften Platz und zeigte damit eine deutliche Verbesserung in dieser neuen Phase mit Renault. Dies war jedoch das beste Ergebnis in einer Saison, die bei jedem Rennen enttäuschend verlief.

Im Laufe des Jahres kämpfte McLaren immer wieder um Punkte, wobei Alonsos siebter und achter Platz die häufigsten Ergebnisse waren. Vandoorne schaffte es nicht über den zehnten Platz hinaus und holte nur in vier der 21 Rennen Punkte.

90

Diese schlechten Ergebnisse waren vor allem auf die schlechten Qualifying-Sitzungen am Samstag zurückzuführen, bei denen sie nur vor Williams bleiben konnten. Die Ein-Runden-Performance des MCL33 erwies sich als sehr schlecht, was sich auf die Ergebnisse des Sonntags auswirkte: McLaren wurde Sechster in der Konstrukteurswertung (nach der Disqualifikation von Force India aufgrund von Lizenzproblemen).

---

90 Beinsports.de

Es war eine Verbesserung gegenüber den vorangegangenen katastrophalen Saisons, aber es gab wenig Raum für Optimismus in der neuen Partnerschaft mit Renault.

Nach dieser Saison, die er mit 50 Punkten auf Platz 11 beendete, beschloss Alonso, sich aus der Formel 1 zurückzuziehen, um sich anderen Disziplinen zu widmen, bevor er 2021 mit Alpine zurückkehrt.

Vandoorne, 16. mit 12 Punkten, verließ das Team ebenfalls, um seine Formel-E-Karriere fortzusetzen.

Für 2019 hat McLaren sein Fahreraufgebot komplett überarbeitet. Einer von ihnen war Carlos Sainz Jr. Der Spanier hatte 2015 sein Debüt bei Toro Rosso gegeben, nachdem er die Formel Renault 3.5 Series gewonnen hatte, in der er zweieinhalb Jahre lang fuhr und die er mit einem 12.

Er beendete die zweite Hälfte des Jahres 2017 bei Renault, für die er 2018 ein volles Programm absolvierte, während er auch als Testfahrer für McLaren tätig war. Im Jahr 2019 wurde er Stammfahrer für das Team aus Woking.

91 Lawebdelmotor.co.uk

Sein Teamkollege war der Brite Lando Norris, ebenfalls Testfahrer im Jahr 2018, in dem er Zweiter in der Formel-2-Meisterschaft wurde. McLaren hatte also im zweiten Jahr seiner Partnerschaft mit Renault ein junges Fahreraufgebot.

92

Für diese Saison lieferte Renault den neuen Renault E-Tech 19, nachdem man sich mit dem Scheitern des Übergangs zur Hybrid-Ära abgefunden hatte, in einem Motormodell, das besser für den Einsatz von zusätzlicher elektrischer Leistung geeignet sein sollte.

Nach dem Ausscheiden von Tim Goss wurde Peter Prodromou mit der Entwicklung des MCL34 betraut. Auch Pat Fry kehrte nach seiner Zeit bei Ferrari zum britischen Team zurück, und James Key wurde von Toro Rosso geholt.

92 Autobild.co.uk

93

Das neue Auto war eine positive Überraschung. Es konnte weder mit Ferrari noch mit Red Bull mithalten, geschweige denn mit dem übermächtigen Mercedes der Hybrid-Ära, aber es etablierte sich als das beste der übrigen Teams, eine Ehre, die eigentlich dem Team zuteil werden sollte, das die Motoren lieferte: Renault.

Beide Fahrer sammelten häufig Punkte, und Carlos Sainz gelang in Brasilien sogar ein dritter Platz, mit dem ein McLaren seit 2014 wieder auf dem Podium stand (obwohl er offiziell Vierter war, ermöglichte eine Strafe gegen Hamilton nach dem Rennen einen dritten Platz, der nicht richtig gefeiert werden konnte).

Sainz beendete die Saison als Sechster mit 96 Punkten, und Lando Norris feierte sein Formel-1-Debüt als Elfter mit 49 Punkten. Insgesamt rückte McLaren auf den vierten Platz vor und wurde durch eine fortschreitende Entwicklung in der Partnerschaft mit den Renault-Motoren ermutigt.

93 Actualidadmotor.com

Für die Saison 2020 behielt McLaren Sainz und Norris bei und entwickelte den MCL35 deutlich weiter, in der Hoffnung, den positiven Trend fortzusetzen, der McLaren wieder in den Kampf um Siege führen würde.

Die wichtigsten Änderungen zielten darauf ab, das Fahrwerk weiter für den Renault-Motor zu optimieren und das Kurvenverhalten zu verbessern, wobei aerodynamische Innovationen darauf abzielten, den Luftstrom um den Reifen herum und nicht über ihn hinweg zu leiten. Die seitlichen Pontons wurden dünner gemacht, um die Kühlung zu verbessern, und die Nase wurde schlanker gestaltet.

Das Ziel des Entwicklungsteams war es, die Funktion jedes einzelnen Teils im Ganzen zu betonen, anstatt nach den bestmöglichen unabhängigen Teilen zu suchen und diese dann zusammenzufügen.

94

---

[94] F1enestadopuro.com

Zu Beginn der Saison traf die Coronavirus-Pandemie die Formel-1-Organisation und den Sport im Allgemeinen, was eine Umstrukturierung des Rennkalenders mit doppelten Rennen auf denselben Rennstrecken, die Anpassung an die gesundheitliche Situation in jedem Land und die Einführung neuer Protokolle bei jedem Grand Prix erzwang.

Finanziell war es für die Teams ein großer Verlust, vor allem weil die meisten Rennen ohne Zuschauer stattfinden mussten.

Doch trotz der gesundheitlichen Umstände konnte McLaren den positiven Trend des vergangenen Jahres fortsetzen. Diesmal gab es zwei Podiumsplätze für das Team in diesem Jahr. Lando Norris holte sich die erste beim Auftaktrennen in Österreich und Carlos die zweite in Monza, wo er Zweiter wurde und sogar den Sieg hätte holen können, wenn das Rennen ein paar Runden länger gedauert hätte, denn er holte Runde für Runde Pierre Gasly ein, der überraschend den Sieg holte.

95

---

95 Elprogreso.es

Sainz wurde erneut Sechster und Norris verbesserte sich gegenüber dem Vorjahr auf den neunten Platz. In der Konstrukteurswertung nutzte McLaren seine 202 Punkte und rückte auf den dritten Platz vor, nur hinter Red Bull und dem dominierenden Mercedes.

Die Rückkehr zu Mercedes-Motoren und die Zukunft

Es wurde vereinbart, dass die neue Saison eine Wiederholung von 2020 sein soll. Für 2021 war eine revolutionäre Änderung des Reglements geplant, aber nach dem wirtschaftlichen Desaster durch die Pandemie und um die Kosten zu senken, wurde beschlossen, für ein weiteres Jahr die gleichen Einsitzer zu verwenden.

Obwohl das Chassis das gleiche war, nutzte McLaren das Ende des Vertrags mit Renault, um sich für einen neuen Motorenlieferanten zu entscheiden: Mercedes. Er erhielt das Mercedes-AMG-Aggregat, mit dem das deutsche Team die letzten sieben Konstrukteursmeisterschaften gewonnen hatte.

Carlos Sainz unterschrieb unterdessen bei Ferrari, McLaren entschied sich für Daniel Ricciardo als Partner von Lando Norris. Der Australier kann bereits auf eine lange und erfahrene Formel-1-Karriere zurückblicken. 2011 gab er sein Debüt für HRT, bevor er zwei Saisons für Toro Rosso fuhr und dann zu Red Bull wechselte, wo er fünf Jahre lang tätig war und zweimal Dritter in der Konstrukteursmeisterschaft wurde.

In den Jahren 2019 und 2020 war er Renault-Pilot und half dem französischen Team, wieder auf das Podium zu fahren - eine komplizierte Wette, die der Australier schließlich einlöste (mit einem Tattoo).

96

McLarens Aufwärtstrend der letzten Jahre setzte sich diesmal fort, vor allem dank der Entwicklung von Lando Norris als Fahrer, der in den ersten neun Rennen drei Podiumsplätze erzielte.

Die Euphorie verflog, als der Brite nie wieder auf dem Podium stand, obwohl er dank großartiger Qualifying-Sitzungen (mit McLarens erster Pole-Position in der Hybrid-Ära) in 20 der 22 Rennen des Jahres in die Punkte fuhr, wenn auch im Laufe der Saison auf immer schlechteren Positionen.

96 F1-fansite.com

Am Ende holte Norris 160 Punkte und rückte in der Konstrukteurswertung auf Platz fünf vor.

Am schlechtesten schnitt Ricciardo ab, der es nicht auf das Podium schaffte und regelmäßig hinter seinem Teamkollegen zurückblieb, obwohl er in Italien mit einem großartigen Sieg in Monza die Wiedergutmachung schaffte und mit 115 Punkten den achten Platz in der Fahrerwertung belegte.

97

Als Team konnte McLaren den dritten Platz in der Konstrukteursmeisterschaft nicht halten. Ferrari wurde nicht nur von Mercedes und Red Bull überholt, sondern zeigte auch eine deutliche Verbesserung gegenüber dem katastrophalen Vorjahr und übernahm den dritten Platz von ihnen.

Es gab jedoch Grund zum Optimismus. Das Team hatte gerade mit der Umstellung auf Mercedes-Motoren begonnen, und die Anpassung an diese Motoren war noch verbesserungswürdig.

---

97 Futbolred.com

Vielleicht war der Doppelsieg in Monza mit Ricciardo als Erster und Norris als Zweiter weniger unerwartet als vielmehr das Ergebnis einer stetigen Entwicklung, die McLaren wieder in den Wettbewerb mit den großen Jungs bringen könnte.

2022 wurde die revolutionäre Regeländerung mit dem Ziel der Kostensenkung und Wettbewerbsgleichstellung umgesetzt.

Durch eine Budgetbegrenzung wurden die großen Unterschiede zwischen den Teams begrenzt und ein gleichmäßigeres Raster angestrebt. Darüber hinaus wurde der flache Boden beseitigt und der Bodeneffekt wiederhergestellt, um das Überholen zu erleichtern und die Spektakularität des Wettbewerbs zu erhöhen.

Dies erzwang einen „Neuanfang" und brachte McLaren in eine schwierige Situation. Könnte sein Fortschritt in Richtung der Spitzenränge weitergehen oder würde seine fortschreitende Verbesserung angesichts einer solch drastischen Veränderung zusammenbrechen?

Der neue MCL36 wurde mit einer kurzen und schmalen Nase entworfen, um Gewicht zu verlieren, eines der großen Probleme bei neuen Designs.

Der vordere Teil wiederum wurde mit dem Ziel entworfen, so viel Luft wie möglich zum Boden und zu den Pontons zu leiten, um den neuen Bodeneffekt zu nutzen, zusätzlich zu einem großen Diffusor, der den gesamten Luftstrom aufnimmt.

Was das Chassis betrifft, verzichtete der neue McLaren auf einen sehr ausgeprägten unteren Kanal, gab den Seitenkästen den Vorrang und senkte den Schwerpunkt, um eine breitere Motorabdeckung zu erreichen, die eine bessere Kühlung ermöglichte.

Das Auto verwendete den Mercedes-AMG F1 M13-Motor.

Der neue MCL36 wurde für ein weiteres Jahr von Daniel Ricciardo und Lando Norris pilotiert.

98

Die Saison begann passabel, Lando Norris holte in zwei der ersten drei Rennen Punkte und fuhr beim vierten Event in der Emilia-Romagna auf das Podium. Dies bedeutete einen Start wie in der vergangenen Saison, ohne dass die signifikanten Veränderungen im Wettbewerb das Team merklich beeinflusst hätten, und mit der Hoffnung, häufiger Podestplätze zu erreichen.

Dies geschah jedoch nicht. Den Rest der Saison musste sich Norris mit häufigen Punkten begnügen, was er in siebzehn der 22 Rennen erreichte. Mit 122 Punkten belegte Norris in der abschließenden Fahrerwertung einen konformen siebten Platz, in einem Jahr, in dem der junge Brite frustriert seine Chancen sah, seine Fortschritte und seine Fähigkeit, in der Formel 1 alles anzustreben, weiterhin unter Beweis stellen zu können.

---

[98]caranddriver.com

Im Fall von Ricciardo war seine Leistung viel geringer als erwartet. Er schaffte es, in nur sieben Grands Prix Punkte zu sammeln, 37 Punkte hinzuzufügen und in der abschließenden Fahrerwertung den 11. Platz zu belegen, in einem für ihn schwierigen Jahr, das seine schlechte Zeit bei McLaren bestätigte.

Als Team fiel McLaren auf den fünften Platz zurück, wurde von Red Bull, Ferrari und Mercedes geschlagen und verlor in ihrem persönlichen Kampf gegen Alpine, in einem Jahr, in dem Mercedes-betriebene Einsitzer ihre Leistung durch die neuen Vorschriften verringerten.

Mit einem einzigen Podium das ganze Jahr über und mit einem konformistischen fünften Platz in der Konstrukteurswertung sah McLaren einer komplizierten Zukunft mit neuen Vorschriften entgegen, die die Manövrierfähigkeit zur Umsetzung neuer Lösungen einschränkten.

DANKSAGUNGEN

An alle, die meine Liebe zum Auto ermutigen, die der Keim für diese Arbeit war.

An alle, die sich für die Formel 1 begeistern und sie zu einer gemeinsamen Leidenschaft machen.

An alle, die Anmerkungen oder Korrekturen gemacht haben (und dies weiterhin tun werden), um einen wahrheitsgetreueren und genaueren Titel zu erstellen.

An alle grafischen Hilfsmittel, auf die im Buch Bezug genommen wird, um diesen Text attraktiver zu machen.

An alle, die mir ihre Meinung schicken und dieses Buch zu etwas Gemeinsamen machen.

Ich danke Ihnen vielmals.
Charles Sanz.

MEHR VON CHARLES SANZ

DIE GESCHICHTE VON FORMEL 1 IM RHYTHMUS VON SCHNELLE RUNDE

Die Formel 1 ist die **Besessenheit, der Schnellste auf dem Asphalt zu sein.** Es ist die Leidenschaft für diese Zehntelsekunde, die den Erfolg vom Misserfolg trennt. Wir erfreuen uns an der Spitzentechnologie und versuchen, an dem Teil zu feilen, mit dem man ein paar Tausendstelsekunden auf der Stoppuhr einsparen kann; wir entwickeln den leistungsstärksten Motor, um das Auto über die Rennstrecke fliegen zu lassen, oder wir kontrollieren den Wind, um durch Aerodynamik ein paar zusätzliche Stundenkilometer zu erreichen. Und natürlich genießen wir die Kämpfe auf der Strecke an der Grenze zwischen Leben und Tod, Überholmanöver abseits der Strecke mit über 300 km/h, bis zum Äußersten verschlungene Randsteine, das Risiko eines Unfalls oder eines Abflusses...

Aber die **Formel 1 ist** vor allem **ihre Geschichte**. Seien wir ehrlich, **es gibt kein Rennen, das wir uns ansehen, das nicht Erinnerungen an die glorreiche Vergangenheit weckt.** Man hat nicht so viel Spaß an diesem Sport, wenn man nicht weiß, welchen Weg er genommen hat, welche Geschichte er hat, welche Größe er einst hatte und auch weiterhin haben wird, und das kommt uns jedes Mal wieder in den Sinn, wenn die Motoren aufheulen. Es wäre nicht mit diesem Heiligenschein des Heldentums bedeckt ohne die Zeiten, in denen diese Helden durch die Beherrschung von Zeit und Geschwindigkeit zu Legenden auf dem Asphalt wurden.

MEHR VON CHARLES SANZ

DIE FORMEL-1-GESCHICHTE VON FERRARI IM RHYTHMUS VON SCHNELLE RUNDE

Als Enzo Ferrari sich daran machte, seinen eigenen Rennstall zu gründen, gab er nicht auf, bis es ihm gelang, ihn zum absoluten Erfolg zu führen. In den Anfangsjahren dauerte es nicht lange, bis Ferrari durch Alberto Ascari und die Kämpfe mit und gegen Fangio zu Ruhm gelangte. In den Anfangsjahren der Meisterschaft schaffte es Ferrari mit Fahrern wie Mike Hawthorn, Phil Hill und John Surtees immer an die Spitze der Formel 1 und wurde zu einem Team, das immer um den Sieg mitkämpfte.

Zwischen 1964 und 1974 erschwerte der Aufstieg der britischen Marken die Karriere von Ferrari in einer schwierigen Zeit, aber Niki Lauda wurde schließlich der Retter, der die Scuderia wieder zum Gewinn von Meisterschaften führen sollte.

Nach einer neuen dunklen Periode, in der trotz der Talente von Nigel Mansell und Alain Prost kaum noch Meisterschaften zu holen waren, kam ein Held zur Rettung des italienischen Teams und bescherte ihm die besten Jahre seiner Geschichte: Michael Schumacher. Nach dem Abgang des legendären Deutschen schaffte es nur Kimi Räikkönen, den Triumph der Scuderia Ferrari zu verlängern, obwohl er Meister wie Alonso und Vettel hatte.

MEHR VON CHARLES SANZ

DIE FORMEL-1-GESCHICHTE VON RED BULL IM RHYTHMUS VON SCHNELLE RUNDE

Wer hätte gedacht, dass eine Energy-Drink-Marke in der Formel 1 die Oberhand gewinnen würde? Red Bull hat seine Anfänge als Sponsor bei Sauber. Mit der finanziellen Unterstützung des Schweizer Teams erreichte Red Bull durch den Deutschen Heinz-Harald Frentzen den ersten Podiumsplatz des Teams und fügte dem Team, in dem ein zukünftiger Champion debütierte, den Markennamen Kimi Räikkönen hinzu. Die Rennambitionen von Red Bull gingen jedoch darüber hinaus. Im Jahr 2005 kaufte es das Jaguar-Team, um sein eigenes Team zu gründen, und wer hätte gedacht, dass dieses riskante Manöver zum Erfolg führen würde? Dann kamen die glorreichen Momente: David Coulthards erster Podiumsplatz in Monaco oder der erste Sieg von Toro Rosso in Monza und der erste Sieg von Red Bull in China durch einen Sebastian Vettel, der zum Schlüssel für Red Bulls goldene Ära werden sollte. Aber Red Bull ist viel mehr als Sebastian Vettels glorreiche Tage. Dieses Buch zeigt die Geschichte von Red Bull in der Formel 1 in einer einfachen, unbeschwerten Art und Weise und durch seine wichtigsten Schlüssel, so dass Sie wunderbare Erinnerungen genießen oder über die Vergangenheit dieses großen Teams lernen können.

MEHR VON CHARLES SANZ

DIE FORMEL-1-GESCHICHTE VON RENAULT IM RHYTHMUS VON SCHNELLE RUNDE

Auf diesen Seiten werden Sie die Ursprünge von Renault entdecken oder sich an sie erinnern, eine Geschichte der Überwindung aller Widrigkeiten, vom belächelten "gelben Kessel" mit seinen häufigen Explosionen von weißem Rauch bis zum ersten Sieg von Jean-Pierre Jabouille und der Einweihung des Turbos in der Formel 1.

Sie werden die Ankunft von Alain Prost, einem der größten Fahrer der Geschichte, bei Renault und seinen Einfluss auf die Entwicklung des Teams erleben. Sie werden auch die goldene Ära von Renault als Motorenlieferant erleben, die perfekte Partnerschaft mit den Williams von legendären Fahrern wie Nigel Mansell, Damon Hill und Ayrton Senna oder Michael Schumachers Benetton.

Sie werden die glorreichen Tage des Konstrukteurs nach der Ankunft von Fernando Alonso im Team und die besten Jahre seiner Geschichte erleben, aber auch den anschließenden Niedergang und den Alptraum von Crashgate, dem provozierten Unfall von Nelson Piquet Jr. der die Grundfesten des Teams erschütterte.

MEHR VON CHARLES SANZ

DIE FORMEL-1-GESCHICHTE VON WILLIAMS IM RHYTHMUS VON SCHNELLE RUNDE

Das Williams-Team ist zweifellos eines der legendärsten in der Formel 1. Daraus entstanden wunderbare Geschichten, an die man sich gerne erinnert: Alan Jones, der das Team an die Spitze brachte, und Clay Regazzoni, der den ersten Sieg errang, oder Carlos Reutemann, der mit Leuten wie Nelson Piquet kämpfte, der später Teil von Williams wurde. Die Magie von Williams würde Rosberg zu einem untypischen Champion machen und die Aufmerksamkeit von Legenden wie Alain Prost oder Nigel Mansell auf sich ziehen, die sich schließlich von einem der raffiniertesten und technologisch besten Einsitzer in der Geschichte der Formel 1 verführen ließen, der in der Lage war, den allmächtigen McLaren zu schlagen. Selbst eine der größten Legenden der Formel 1, der Brasilianer Ayrton Senna, zeigte immer wieder den Wunsch, für Williams zu fahren, und sein Name sollte für immer mit dem britischen Team verbunden sein. Nur ein Motorsport-Wunderkind wie Michael Schumacher schien in der Lage zu sein, die Hegemonie von Williams zu stoppen. Er musste bis an die Grenzen des Sportsgeistes gehen, um sich mit Fahrern wie Damon Hill oder Jacques Villeneuve zu messen.

MEHR VON CHARLES SANZ

DIE FORMEL-1-GESCHICHTE VON LOTUS IM RHYTHMUS VON SCHNELLE RUNDE

Lotus ist einer der legendärsten Konstrukteure der Formel 1 und einer derjenigen, die den Rennsport im Laufe seiner Geschichte mit Innovationen wie dem Bodeneffekt, dem einteiligen Chassis und der aktiven Federung revolutioniert haben.

Die Geschichte von Lotus ist die eines Teams, das in den späten 1950er Jahren geboren wurde und durch den legendären Jim Clark zu Ruhm gelangte. In den 1970er Jahren dominierte er die Formel 1 mit herausragenden Fahrern wie Graham Hill, Jochen Rindt und Emerson Fittipaldi. Indem er den Bodeneffekt des Lotus 78 ausnutzte, unterlag die Konkurrenz dem Einfallsreichtum eines Teams, das Andretti zum Champion machte.

Nach seiner Blütezeit kämpfte Lotus mit zukünftigen Legenden wie Nigel Mansell und Ayrton Senna wieder um Meisterschaften. Das legendäre Team musste jedoch einen allmählichen Niedergang und ein schwieriges Comeback auf der Suche nach vergangenem Ruhm hinnehmen.

MEHR VON CHARLES SANZ

DER STOLZ, EIN FERRARI-FAHRER ZU SEIN – BAND 1

KENNEN SIE DIE GESCHICHTE DER FAHRER, DIE BEGONNEN, DIE FERRARI-LEGENDE IN DER FORMEL 1 ZU SCHAFFEN?

Scuderia Ferrari ist zweifellos eines der legendärsten in der Geschichte der Formel 1. Es ist das Team mit den meisten gewonnenen Meisterschaften und das einzige, das an allen Ausgaben teilgenommen hat.

Das bedeutet, dass alle Fahrer, die es geschafft haben, in einem Scuderia-Ferrari-Auto zu sitzen, am Ende von einem Heiligenschein des Heldentums bedeckt wurden, der die Zeit überdauern kann. In diesem Band machen wir einen Spaziergang durch die Geschichten aller Fahrer, die in den 1950er Jahren am Team teilnahmen: Ascari, die erste große Ferrari-Legende; José Froilán González und der erste Sieg für die Scuderia; Giuseppe Farina, der erste F1-Champion; Die Freundschaft von Hawthorn und Collins zum Nachteil von Musso; Peter Collins und seine enorme Ritterlichkeit; Fangio und sein Talent jenseits der Marke...

MEHR VON CHARLES SANZ

DIE GESCHICHTE DER MOTORRADWELTMEISTERSCHAFT IM SCHNELLDURCHLAUF

MotoGP ist die Besessenheit, der Schnellste auf zwei Rädern zu sein. Es ist die Leidenschaft, ein Elite-Motorrad zu fahren und Teil der Maschine zu sein, auf jeder Geraden dranzubleiben und sich in jede Kurve zu legen. Aber vor allem ist die Motorradweltmeisterschaft eine Geschichte. Es gibt kein Rennen, das uns nicht in seine glorreiche Vergangenheit zurückversetzt, mit seinen legendären Schlachten und spannenden Rennen, die sich ins Gedächtnis einbrennen. Man kann den Sport nicht so sehr genießen, wenn man seine Geschichte und seine Entwicklung nicht kennt. Die Legende von Giacomo Agostini, die absolute Dominanz von MV Augusta, die amerikanische Hegemonie mit Freddie Spencer, Eddie Lawson und Wayne Rainey, das Vermächtnis von Doohan, die Ära von Valentino Rossi, die Herrschaft der spanischen Fahrer?

Das ist das Ziel dieses Buches: ein einfacher Spaziergang durch seine Geschichte, um sich an seine Ursprünge zu erinnern oder etwas über die Jahre zu erfahren, die den Sport mythologisiert haben, um das Gewicht seiner Vergangenheit zu spüren und so der besten Motorradmeisterschaft der Welt eine zusätzliche Dosis Leidenschaft zu verleihen.

Printed in Great Britain
by Amazon

18868418R00086